스마트폰과 챗GPT로

책 한 권
뚝딱 끝내기

스마트폰과 챗GPT로

책 한 권
뚝딱 끝내기

가재산·이세훈 지음

글로벌콘텐츠

디지털 AI시대, 책쓰기도 달라져야

세상은 급변한다. 이제 누구나 책을 쓰는 호모스크립투스Homo scriptus 시대가 도래했다.

"내가 살아온 인생을 소설로 쓰면 책 몇 권이 된다."

예전 어머니, 할머니들이 입버릇처럼 하시던 말씀이다. 배우지 못한 서러움에 모진 가난과 시집살이가 천추의 한이 되어 내뱉는 말이다. 그 시절 자신의 삶을 본인이 직접 소설로 쓴다는 것은 어불성설이었다. 전문작가 외에는 책을 내는 것이 불가능했기 때문이다. 지금은 상황이 달라졌다. 편리한 컴퓨터, 여러 디지털 기기와 AI 기술 덕분이다.

요즘 디지털 기술의 총아인 스마트폰 기능이 확대되어 글쓰기가 훨씬 편해졌다. 예를 들면 스마트폰을 이용해 쓰고자 하는 내용을 말음성로 하면 글이 된다. 게다가 말로 쓴 글이 컴퓨터에도 자동으로 입력된다. 컴맹, 폰맹인 왕초보도 얼마든지 가능하다. 최신 책쓰기 관련 앱과 기술을 숙달하면 타이핑하지 않고도 책 한 권을 마술처럼 출간할 수 있다.

책 한 권을 쓰는 것은 단순히 글자를 나열하는 행위가 아니다. 그것은 자신의 생각과 경험을 정리하고 세상과 소통하며 삶의 의미를 되

돌아보는 소중한 과정이다. 특히 시니어들에게 책쓰기는 삶의 지혜를 다음 세대에게 전달하고 가족과 소중한 추억을 만들 수 있는 기회다. 하지만 컴퓨터나 스마트폰 사용에 어려움을 겪는 시니어들에게는 책쓰기가 쉽지 않은 일이었다. 더구나 나이가 들면 사정이 달라진다. 손은 느려져 독수리 타법으로 바뀌고 눈도 침침해져 컴퓨터 글쓰기도 힘들어지는 게 현실이다. 챗GPT와 스마트폰은 이러한 어려움을 해결해 주고 시니어들이 자유롭게 글을 쓸 수 있도록 돕는 강력한 도구다. 이 책에는 그러한 도구를 활용한 책쓰기의 여러 기법이 담겨있다.

책 한 권 뚝딱 하루 만에 쓸 수 있다

2022년 5월 한국디지털문인협회가 창립되었다. 그 기념으로 '디지털혁명과 문학의 미래'라는 학술세미나가 열렸다. 그 자리에 연사로 나섰던 오태동 박사는 5년 내에 책을 써주는 로봇인 '책봇Book robot'이 나올 것이라고 예견했다. 책봇이 글을 써주고 목차도 정해주며 표지나 삽화 그림도 그려주는 것은 물론 홍보 마케팅까지 해줄 것이라고 전했다.

당시 그 이야기를 들을 때는 먼 미래의 꿈 같은 이야기로만 들렸다. 그해 11월 오픈AI가 챗GPT를 출시하여 5일 만에 사용자 100만 명을 돌파하면서 세상을 놀라게 했다. 그로부터 2년이 지난 현재 구글은 'Gemini', 마이크로소프트는 'Copilot' 같은 강력한 대항마를 앞세워 생성형 AI 시장을 장악해 나가고 있다. 국내에서도 네이버의 '클로바X'를 필두로 대기업들이 앞다투어 기술 개발에 뛰어들고 있다.

챗GPT는 인공지능 기반의 텍스트 생성 도구다. 창의적인 아이디어를 제공하고 글쓰기 과정을 보조하며 글의 초안까지 작성해 준다. 컴맹, 폰맹인 시니어들도 챗GPT에게 아이디어를 주고 프롬프트에 질문을 하며 이야기를 나누면 챗GPT는 여러분의 생각을 정리하여 글을 써 내려가도록 도와준다. 바로 똑똑한 비서이자 반려자 역할을 해 준다.

챗GPT는 더 이상 피해야 할 대상이 아니며 단순히 글쓰기 도구라기보다 여러분의 꿈과 희망을 응원하는 친구이기도 하다. 게다가 PC 버전인 챗GPT를 스마트폰 앱버전으로 변환하여 말하면서 활용할 수 있기 때문에 집, 카페에서 혹은 여행 중에도 챗GPT를 사용하여 글을 쓸 수 있다. 스마트폰을 이용해서 챗GPT를 쓴다면 컴맹, 폰맹인 시니어들에게 글쓰기의 자유를 선물할 수 있다. 하루 만에 책 한 권의 초안을 뚝딱 쓰는 일이 얼마든지 가능하다. 디지털 혁명으로 세상이 변하는데 아직도 연필로 원고지에 책이나 쓰기를 고집할 것인가? 물론 글 쓰는 방식은 개인의 자유이지만 이에 관해 깊게 생각해 볼 문제다.

이 책은 왕초보들을 위해 썼다

요즘 시니어들은 대부분 신체적으로 건강하며 사회적 활동, 자아실현 같은 상위 성취 욕구가 왕성하다. 그 중의 하나가 자서전이나 에세이 등의 책을 쓰고 싶어 하는 것이다. 하지만 쓰고자 하는 욕구에 비해 경험이 없고 방법을 모르기 때문에 아예 도전하지 못하거나 비싼 돈을 주고 대필에 의존하기도 한다.

그 경우 출간에 드는 비용만 해도 최소한 천만 원 정도이고 대필의 경우 많게는 5천만 원 정도의 비용이 든다. 그에 비해 이 책에서 소개하는 각종 앱이나 챗GPT 기술을 활용하면 왕초보도 저렴한 가격에 출판이 가능하다. 또한 작업 시간도 1/3 정도로 줄일 수 있다고 확신한다.

이 책은 책을 쓰려는 왕초보가 보고 따라만 한다면 자신이 갖고 싶은 책쓰기에 도전할 수 있도록 구성했다. 먼저 1장과 2장에서는 책과 글쓰는 세상이 기술적으로 어떻게 변화하였는지를 알려준다. 3장에서는 스마트폰의 무료 앱 기술을 활용하여 자료 수집에서부터 글을 쓰고 편집해 책자 원고 작성 및 교정 방법까지 배우게 될 것이다. 4장에서는 요즘 이슈가 되고 있는 챗GPT를 활용해서 하루 만에도 뚝딱 책 한 권의 초안을 쉽게 쓸 수 있는 방법과 기술을 소개한다. 5장에서는 출판 프로세스와 기술 적용 방법의 사례를 통해 책쓰기의 노하우를 제시한다.

끝으로 단기간에 편집과 출판까지 맡아 수고해 주신 ㈜글로벌콘텐츠출판그룹 홍정표 대표님과 김미미 이사님, 스마트폰을 활용하여 스마트 워크와 책쓰기 분야 최고의 기술로 왕성하게 활동하시는 장동익 고문님의 도움에 감사드리며, 물심양면으로 도와주는 한국디지털문인협회와 디지털책쓰기코칭협회 임원진 및 회원들에게도 고마움을 전한다. 이 책을 이용해 코치나 저자들이 멋지고 의미 있는 활약을 하길 기대하는 동시에 출판 업계에서도 스마트 워크가 새 변화의 불씨가 되기를 희망해 본다.

녹음이 넘실대는 초하에
가재산 씀

목차

3장 스마트폰 활용 책쓰기 실전 연습

4장 챗GPT로 책 한 권 끝내기

5장 책은 어떻게 태어나는가

1장

왜 지금 디지털 책쓰기인가?

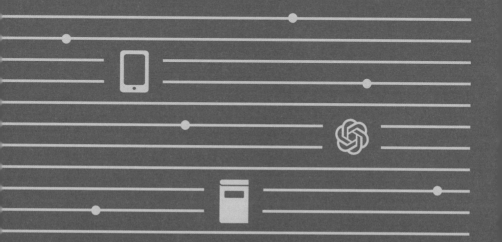

우물쭈물하다가 디지털 월드행 열차를 놓치면 외
딴 섬에 갇힌 로빈슨 크루소 신세가 될지 모른다.
미래로 가는 열차는 지금 내 손 안에 있다.

디지털 세계로 떠나는 마지막 열차

　세상이 변화를 향해 달려갈 때 과거를 고집하면 홀로 문명의 원시인이 될 수밖에 없다. 변화를 두려워하지 않고 도전하는 사람들이 있다. 이를테면 디지털문인협회에서 운영하고 있는 '디지털책쓰기대학' 시니어 회원들이다.

　디지털책쓰기대학은 총 10개 대학이 있다. 이 중 하나가 삼성 퇴임 임원들의 OB모임인 성우회星友會이다. 디지털책쓰기 2대학에 속한다. 수만 명의 삼성 퇴직임원 중 3천여 명이 활동하는 단체다. 책을 내고 싶은 30여 명의 회원으로 60대부터 90대까지 연령층이 다양하다. 공개채용 제도는 1957년 삼성 故이병철 회장이 국내 최초로 시작했는데 92세의 공채 1기생 한 분도 2대학 책쓰기 과정에 입학하여 모두가 놀랐다.

　2대학에서 필자가 제일 젊은 편이고 봉사도 할 겸 자청해 총무를 맡고 있다. 최초의 모임에서 발족된 1대학에서 20여 년간 운영해 온 노하우와 40여 권 이상의 책을 낸 경험이 밑바탕이 되었다. 여기 모인 분들은 하나같이 '디지털'이라는 말만 들어도 어쩐지 두렵고 먼 나라

이야기로만 알던 회원들이다. 개강하던 날, 오리엔테이션을 하면서 일부러 엄포성 멘트를 날렸다.

"지금은 디지털 혁명, AI시대입니다. 여기에는 '디지털 월드'라는 또 하나의 다른 세상이 있습니다. 거기엔 '메타버스Metaverse'도 다닙니다. 이 세상으로 가려면 '디지털 월드행 열차' 티켓이 있어야만 갈 수 있습니다. 선배님들한테는 마지막 열차일지도 모릅니다. 이번에 탑승하지 못하면 영원히 그 세상에 가볼 수 없습니다. 한번 도전해 보실 거죠?"

필자의 말을 경청하던 회원들은 호기심 가득찬 얼굴로 눈이 반짝였다. 회원들은 한때 꽤나 출세했던 분들이라서 비서나 스태프들이 업무를 대신 처리해 주었기에 컴퓨터를 직접 다뤄보지 않은 '컴맹' 세대들이다. 게다가 스마트폰은 대부분 자식들이 사준 거라 겨우 카톡과 문자 메시지나 보내는 소위 '폰맹'들이기도 하다. 백만 원짜리 스마트폰을 겨우 3만 원짜리 전화기 정도로만 쓰는 셈이다.

인간은 원래 '오장육부五臟六腑'였는데 디지털혁명의 총아인 스마트폰 하나가 추가되어 '오장칠부'가 되었다. 스마트폰이 몸에서 떨어지는 순간 안절부절못한다. 이제 '낫 놓고 기억자도 모르는 시대'가 아니라 '스마트폰 옆에 놓고 밥 굶는 시대'가 되어가고 있다. 음식 주문도 키오스크나 스마트폰으로 하고, 집 앞에 있는 동네 구멍가게조차도 무인 점포로 바뀌어 키오스크가 점원을 대신한다. 심지어 중소도시의 버스터미널에 직원이 보이지 않고 표 파는 일을 키오스크가 도맡아 하니 낯선 기계 앞에서 어른들은 쩔쩔맬 수밖에 없다. 코로나19 이전에는 "이 나이에 뭘 해"하고 나이 핑계를 댔지만 이제는 피할 길

없는 외통수가 되었다.

　우리나라 문맹률은 세계 최저 수준이다. 놀랍게도 디지털 관련 실질 문맹률은 높다. 믿고 싶지 않은 통계지만 국제개발 협력기구OECD 지표에 따르면 시니어들의 디지털 실질 문맹률은 75%인 하위권으로 조사되었다. '디지털 리터러시'Digital literacy는 디지털 문해력文解力이라고 한다. 디지털 시대에 필수적으로 요구되는 정보 이해 및 표현 능력, 디지털 기기를 활용하여 원하는 작업을 실행하고 필요한 정보를 얻을 수 있는 지식과 능력을 말한다. 디지털 혁명이 가속화되면서 젊은 사람들에 비해 디지털 역량이 낮은 고령층은 설 자리가 없다. 디지털 역량을 갖춘 시니어와 그렇지 않은 시니어는 삶의 질에서도 하늘과 땅 차이가 난다. 우물쭈물하다가 디지털 월드행 열차를 놓치면 외딴 섬에 갇힌 로빈슨 크루소 신세가 될지 모른다. 미래로 가는 열차는 지금 내 손 안에 있다.

일본 열도를 뒤흔든
2024년 아쿠타가와 수상작

일본에서 가장 권위 있는 문학상 중 하나로 꼽히는 '아쿠타가와상' 수상작의 5%가 생성형 인공지능AI이 만든 문장으로 구성돼 논란이 된 일이 있다. 2024년 제170회 '아쿠타가와상' 수상작을 받은 일본 작가가 수상한 직후 소감 발표에서 "챗GPT의 도움을 받아 글을 썼다"라고 말했기 때문이다.

아쿠타가와상은 일본의 문예춘추文藝春秋에서 제정한 문학상이다. 1927년 사망한 소설가 아쿠타가와 류노스케芥川龍之介의 업적을 기려 만들어졌다. 정식 명칭은 '아쿠타가와 류노스케상'이다. 순수문학 부문, 신인 및 무명 작가에게 주로 시상되며 신인상으로는 일본 최고의 권위를 가진다.

작가 쿠단 리에九段理江가 소설《도쿄 동정 타워東京都同情塔》로 일본 최고의 문학상 중 하나인 아쿠타가와상을 수상했다. 소설은 '범죄자를 동정해야 한다'는 생각이 만연한 미래 도쿄를 배경으로 고층 교도소를 짓는 여성 건축가에 대한 내용이다.

또 쿠단 작가는 "챗GPT와 개인적인 문제로도 교감을 나눴다"며 "AI와 좋은 관계를 유지하고 공존하며 창의력을 더욱 발휘하고 싶다"고 덧붙였다. 작가의 폭로에 업계 반응은 엇갈렸다. AFP통신에 따르면 아쿠타가와 수상위원회는 "그의 작업이 실질적으로 흠잡을 데가 없다고 판단했다"라며 챗GPT 사용을 문제 삼지 않았다.

작가이자 아쿠타가와 수상위원회 위원인 히라노 케이이치로는 자신의 SNS에 "쿠단 리에의 수상작이 생성형 AI를 사용해 쓰였다는 오해를 받고 있다"며 "앞으로 문학계는 이런 종류의 문제가 불거지겠지만 《도쿄 동정 타워》는 작품에서 생성형 AI가 언급되는 만큼 그런 부류가 아니다"라고 말했다.

수상위원회가 해명을 거듭했으나 논란은 좀처럼 사그라지지 않고 있다. 현지 누리꾼은 "AI가 생성한 작품이 평가 대상이 된다면 지금부터 AI가 더 발전하며 거의 전적으로 AI가 만든 작품도 괜찮은 것인가. 더는 인간 간의 경쟁이 아닌 AI 간의 싸움이 될 것"이라며 우려를 전했다. 아쿠타가와상을 주관하는 일본문학진흥회는 더 이상 이 문제에 대해 언급하지 않아 잠잠해졌다.

최근 문학계에 이러한 움직임은 시작에 불과하다고 할 수 있다. 챗GPT의 기술은 아직은 초보 단계에 불과하지만 그 기술은 끊임없이 그리고 획기적으로 발전하면서 우리의 일상생활에 파고들 것임에 틀림없기 때문이다. 그러한 측면에서 문학계만이 결코 예외일 리 만무하다. 눈을 잠시 감고 있다고 해서 휘몰아치는 폭풍우가 멈춰 설 리는 없다.

디지털 시대의 글쓰기, 획기적으로 변화해야

　디지털 혁명과 AI, 특히 챗GPT의 등장으로 글쓰기 혁명이 일어나고 있다. 이전에는 작가나 기자 등 일부 전문가들만 글을 작성할 수 있었다. 이제는 누구나 쉽게 글을 작성하고 공유할 수 있게 되었다. 디지털 기술의 발전은 문학의 창작과 유통 방식을 혁신적으로 변화시켜 디지털 기술을 활용하면 누구나 쉽게 작품을 발표하고 독자와도 소통할 수 있다. 또한 작품의 다양성과 창의성을 높일 수 있다. 글쓰기의 변화를 보면 다음과 같다.

1) 자동화

　AI 기술을 활용하여 자동으로 글을 작성할 수 있게 되었다. 이전에는 글을 작성하기 위해 많은 시간과 노력이 필요했다. 이제는 AI가 자동으로 문장을 생성하고 문맥을 파악하여 글을 완성할 수 있다. 단순하고 창의적이지 않은 일은 기계에게 맡기고 작가는 다른 일에 몰두할 수 있게 되었다.

2) 대중화

AI 기술을 활용하여 누구든지 쉽게 글을 작성할 수 있게 되었다. 바야흐로 누구나 글을 쓰는 호모스크립투스 시대다. 예전에 스포츠라고 하면 선수나 전문가들만 하던 운동이었지만 지금은 누구나 즐기는 생활스포츠로 변화하였다. 그 모습과 같이 글쓰기 도전도 누구나 가능하게 되었다.

3) 다양화

AI 기술을 활용하여 다양한 형태의 글을 작성할 수 있게 되었다. 이전에는 글의 형태가 분야별로 나뉘어졌고 제한적이었다. 이제는 그 분야의 전문가나 경험자가 아닐지라도 장르를 넘나들며 소설, 에세이, 기사, 논문 등 다양한 형태의 글을 작성할 수 있다.

4) 정확성 향상

AI 기술을 활용하여 글의 정확성을 향상시킬 수 있다. 이전에는 글을 작성할 때 오류가 발생하는 경우가 많았다. 초보자는 문법이나 맞춤법 혹은 비문을 제대로 모르고 쓰는 경우가 많다. 이제는 AI가 문법과 맞춤법은 물론 문장을 분석하고 문맥을 파악하여 오류를 수정할 수 있다.

5) 창의성 향상

AI 기술을 활용하여 글의 창의성을 향상시킬 수 있다. 챗GPT의 등장으로 인간의 창의성이 사라질 것이라는 우려가 있는 것도 사실이지만 이전에는 글을 작성할 때 아무나 창의적인 아이디어를 낼 수 있는 것이 아니기 때문에 그 부분이 어려웠다. 이제는 AI가 미처 생각지도 못할 아이디어를 다양하게 제공하고 아이디어를 주기 때문에 이를 바탕으로 글을 작성할 수 있다.

6) 속도 향상

AI 기술을 활용하여 글을 작성하는 속도가 빨라졌다. 이전에는 글을 작성하는 데 많은 시간이 소요되었다. 이제는 AI가 자동으로 문장을 생성하고 문맥을 파악하여 글을 완성할 수 있기에 작성하는 속도가 빨라졌다. 시니어들은 굳이 타이핑을 하지 않고 말로 하여 글을 쓰고 입력해서 문자화할 수 있다.

7) 비용절감

속도가 빨라지면서 AI 기술을 활용하여 글을 작성하는 비용이 대폭 절감된다. 이전에는 대필을 하거나 작가의 도움을 받아야 하기 때문에 책을 발간하는 데 많은 비용이 들었지만 이제는 AI가 자동으로 글을 작성할 수 있기 때문에 비용을 절감할 수 있다. 더구나 공유기능이 있는 스마트 워킹을 활용하여 빠른 시간 내에 협업을 통해 책을 낼 수 있다.

이와 같이 AI 기술이 급속하게 발전하면서 글쓰기의 미래는 더욱 발전할 것으로 예상된다. 앞으로는 AI가 글을 작성하는 과정에서 인간의 감성이나 세심한 감정을 반영할 수 있는 기술이 개발될 것이다.

이러한 변화는 이미 2024년 5월에 발표한 오픈AI-4o에서 어느정도 사람의 감정까지도 표현하기 시작한 것처럼 디지털 기술의 발전은 글쓰기의 방식과 문화를 송두리째 바꾸어 나가고 있다.

현재 문학인들 중 일부는 디지털 기술을 피하고 아날로그에 빠져 마음의 문을 꼭 닫고 있는 사람들이 의외로 많다. 이는 마치 19세기 중엽에 영국에서 자동차가 처음 나왔을 때 자동차 속도가 말의 속도를 초과하지 못하도록 붉은 깃발을 앞세우고 자동차 앞에서 걸어가는 모습과 비슷하다고 볼 수 있다.

갈라파고스가 되어가고 있는 순수문학

문학은 우리의 상상력과 감정을 표현하는 아름다운 예술이다. 이러한 문학은 시대와 문화에 따라 다양한 형태로 발전해 왔고 4대 장르로는 시, 소설, 희극, 수필을 든다. 디지털 기술의 발전으로 문학의 형태도 크게 변화하였는데, 시는 디카시詩로, 소설은 웹소설, 만화는 웹툰으로 급격히 변하고 있다.

'디카시'는 디지털 카메라와 시를 결합한 새로운 형태의 문학 장르다. 자연이나 사물에서 포착한 시적 형상을 디지털 카메라로 찍은 영상과 함께 5행 이내의 촌철살인의 문자를 섞어 표현한다. 2004년 이상옥 시인이 인터넷 한국문학도서관 연재 코너에서 처음 '디카시'라는 문학 용어를 사용하면서 알려지기 시작했다. 이후 디카시는 한국을 넘어 해외에서도 큰 관심을 받으며 빠르게 창작 인구를 확산하고 있다. 디카시를 쓰는 인구는 정확히 파악하기 어렵지만 5만 명으로 추산하고 있는데 한국문인협회가 추산하고 있는 적극 활동하는 시인 2천 명에 비교할 바가 되지 않는다.

국내 웹소설 분야 산업 규모는 문화체육관광부와 한국출판문화산

업진흥원이 2년마다 발표하는데 2022년 약 1조 390억 원, 웹소설 이용자 수는 약 587만 명으로 파악되었다. 이는 2020년도 수치인 6,400억 원 대비 3,990억 원 증가(62% 성장)한 것으로 웹소설 시장의 규모가 지속적으로 성장하고 있다는 사실을 알 수 있다.

희곡이나 만화 역시 디지털 기술의 발전으로 웹툰, 웹드라마, 소셜미디어 등에서 희극적인 요소를 활용한 콘텐츠가 늘어나고 있다. 수필은 블로그, 소셜 미디어, 온라인 커뮤니티 등을 통해 수필 작가들이 더 쉽게 자신의 글을 발행하고 공유할 수 있다. 이러한 변화는 문학의 장르를 더 다양하고 창의적으로 발전시킬 수 있다. 또한 작가와 독자 간의 상호작용이 더욱 활발해질 것으로 기대된다.

이러한 변화 속에서 순수문학은 새로운 도전과 변화를 맞이하고 있다. 이제는 웹소설, 블로그, 소셜미디어 등 다양한 디지털 플랫폼에서 문학 작품이 발행되고 소비되고 있다. 이로 인해 순수문학은 디지털 영역에서 영향력을 뺏기거나 대체되고 있다는 경각심을 가져야 한다.

디지털 시대에서는 웹소설 같은 형태의 문학이 더욱 인기를 끌고 있다. 이러한 작품들은 빠르게 소비되고 공유되며 독자들과 작가들 간의 상호작용이 활발하다. 이런 변화 속에서도 순수문학은 여전히 예술적 가치와 정제된 표현을 추구하는 중요한 영역이다. 디지털 시대에도 순수문학의 아름다움과 가치를 지속적으로 전달할 수 있도록 노력해야 한다.

디지털 시대에서는 종이책을 읽는 습관이 줄어들고 있는 가운데 디지털 기술의 발전으로 다양한 형태의 문학 작품을 즐길 수 있게 되었다. 요인은 여러가지가 있겠지만 2023년 우리나라 성인 10명 가운데 약 6명이 1년간 책을 단 한 권도 읽지 않은 것으로 나타나 최저치를 기록했다.

순수문학이 살아남기 위해서는 문학인들이 창작에 대한 열정과 창의성을 발휘해야 한다. 다양한 작품을 읽고 연구하여 문학적 지식을 확장해야 한다. 또한 문학 행사, 문학 강연 등에 참여하여 다른 작가들과 소통하고 지식을 공유해야 하며 디지털 기술의 습득에도 게을리하지 않아야 한다.

갈라파고스 제도는 남아메리카 에콰도르 서쪽 해안에서 약 1,000km 떨어진 태평양에 위치해 있다. 이러한 지리적 고립으로 인해 다른 지역과는 교류가 제한적이었다. 여기에 사는 동식물들은 교류가 없다 보니 경쟁도 없고 독자적으로 특이한 모양의 형태로 진화하게 되었다. 이러한 문화적 고립은 다른 지역과의 교류를 제한하고 발전의 속도를 늦출 수 있다. 순수문학이 갈라파고스처럼 고립되어서는 미래가 어둡고 발전이 어렵다.

순수문학과 장르문학의 경계가 모호해지고 있으며 현대 문학은 다양한 형태로 발전하고 있다. 따라서 문학인들은 유연한 자세로 변화하는 문학 환경에 적응하고 예술성을 추구하는 노력을 계속해야 한다. 이러한 노력은 디지털 혁명의 환경 변화에도 불구하고 문학의 아름다움과 가치를 지속적으로 전달할 수 있도록 도와줄 것이다.

디지털 AI혁명 시대의 문학인들의 자세

우리는 일상화된 디지털 환경에 살고 있고 디지털 사고를 해야만 하는 시대에 살고 있다. 글쓰기에 있어서도 달라져야 한다. 기존의 아날로그 방식에서 디지털로의 전환을 통해 디지털 시대에서 필요로 하는 방법에 익숙해져야 한다. 그렇다면 아날로그로 살아온 문학인들은 어떻게 여기에 적극 대응하고 준비해야 할까?

첫째, AI를 도구로 적극 활용하도록 해야 한다. AI는 인간의 창의성을 보조하고 업무의 효율성을 향상시키는 도구로 개발되었다. 글쓰기, 편집, 번역 등의 작업에서 AI를 활용하면 시간을 절약하고 창의적인 작업에 더 집중할 수 있다.

예를 들어 스마트폰 앱을 활용해서 말로만 해도 글이 되고 찍기만 해도 문서화 가능한 방법을 쓰면 시니어들은 보다 쉽게 글을 쓸 수 있다. 디지털 시대에서는 컴퓨터, 스마트폰, 웹 서비스, 특히 챗GPT 등을 다루는 기술적 역량이 필요하다. 아날로그로 살아온 문학인들은 이러한 기술을 습득하여 작품 활동에 활용해야 한다.

둘째, 디지털 교육에 참여하고 적응해야 한다. 디지털 교육은 학습의 주체가 되는 기회를 제공한다. 온라인 플랫폼과 AI를 통해 새로운 지식을 습득하고 문학적 소양을 넓힐 수 있다. Coursera, Udemy 등의 온라인 교육 플랫폼을 통해 디지털 기술과 관련된 강의를 수강할 수 있고, 유튜브, 테드TED 등의 온라인 동영상 플랫폼을 통해 디지털 기술과 관련된 지식을 습득할 수 있다.

셋째, AI와의 협업을 모색하여 공생하도록 해야 한다. AI는 경쟁 대상이 아니라 협력 파트너로의 가능성을 가지고 있다. 문학 작품의 주제 연구, 언어의 다양성 탐구 등에서 AI를 활용할 수 있다. 챗GPT를 활용하여 작품의 주제를 선정하거나 작품의 내용을 수정할 수 있다. 대규모 텍스트 데이터를 분석하여 작품의 트렌드를 파악하거나, 작품의 인기 요인을 분석할 수도 있다.

넷째, 디지털 시대에는 독자와의 상호작용이 중요하다. 블로그나 소셜 미디어를 통해 독자와 소통하고 피드백을 받아 작품을 발전시킬 수 있다.

마지막으로, 지속적인 학습과 개방적 사고를 가져야 한다. 변화하는 디지털 환경에 적응하기 위해서는 지속적인 학습과 개방적인 태도가 필요하다. 새로운 기술과 트렌드에 대한 이해를 바탕으로 문학 활동을 풍부하게 할 수 있다. 이런 방법들을 통해 문학인들은 디지털 시대의 변화를 기회로 삼고 문학의 새로운 지평을 열어갈 수 있다.

AI와 디지털 기술이 가져오는 변화를 잘 이해하고 이를 자신의 문학 활동에 통합하는 것이 중요하다. 아날로그 중심으로 살아온 문학인들이 디지털 시대에 적응하는 것은 쉽지 않은 일이고 시간과 노력이 필요하다. 자신의 역량과 상황에 맞게 적절한 방법을 선택하고 지속적으로 노력하지 않으면 갈라파고스가 될 것은 자명하기 때문이다.

문학인들이 챗GPT를 잘 활용하는 방법

문학인 중에는 아날로그를 고집하고 디지털을 터부시하는 사람들이 의외로 많다. 특히 나이가 든 사람일수록 디지털 세계에 대한 부정적 시각을 가지고 있는 것이 사실이다. 도도히 흐르는 디지털 강물을 역류하거나 피한다면 자기만 뒤쳐지고 힘든 길을 고집하는 일이다. 디지털 기술의 발전보다 더 무서운 것이 먼저 '마음의 문'을 활짝열어 개방하는 일이다. 마음의 문에는 문고리나 손잡이가 없어서 남이 밖에서는 절대 열어줄 수 없기 때문에 내가 열지 않으면 절대 열리지 않는다.

문학인들은 챗GPT를 활용하여 다양한 작업을 얼마든지 수행할 수 있다. 작품 창작, 작품 검토, 작품 홍보, 독자와의 소통, 디지털 콘텐츠 제작 등 다양한 분야에서 활용할 수 있다. AI는 다양한 주제와 장르에 대한 지식을 가지고 있고 문장 생성 능력이 뛰어나기 때문에 작품 창작에 도움이 된다. 작품의 아이디어를 생성하거나 작품의 일부를 작성할 수 있다.

또한 문장의 문법적·문맥적 오류를 찾아내고 문장의 표현력과 완성도를 평가할 수 있다. 작성한 작품을 검토하는 과정에도 활용할 수 있다. 이는 작품의 질을 향상시키는 데 도움이 된다. 작품의 요약문을 생성하거나 작품에 대한 소개글을 작성하여 홍보에도 도움이 될 수 있으며 이는 작품의 인지도를 높이는 결과로 이어진다.

독자와의 소통에 있어서도 독자들의 질문에 답변하거나 그들의 피드백에 대한 의견을 제시할 수 있다. 독자들의 의견을 수렴하는 일은 작품의 질을 높일 수 있기 때문에 중요한 일이다. 마지막으로 디지털 콘텐츠 제작에도 활용할 수 있다. 문장 생성 능력이 뛰어나기 때문에 전자책, 오디오북, 웹툰 등 다양한 형태의 디지털 콘텐츠를 제작에 유용하다.

하지만 챗GPT를 활용할 때는 주의해야 할 점이 있다. 인공지능 기술이기 때문에 완벽하지 않다는 점을 항상 기억해야 한다. 챗GPT를 이용하여 작성한 작품을 직접 검토하고 수정하는 과정이 필요하며, 자신의 개성과 창의성을 잃지 않도록 주의해야 한다. 특히 챗GPT가 쓴 글은 창의적이기보다는 기존의 지식을 잘 선택하는 기술이므로 한계가 있는 데다 감성을 자극하는 따뜻함이 있지는 않으므로 그 부분을 채우는 것은 어디까지나 인간의 역할이다.

아울러 저작권 문제가 발생할 수 있기 때문에 반드시 저작권 보호에 대한 인식을 가지고 사용해야 한다. 챗GPT를 이용하여 작성한 작품을 무단으로 사용하거나 타인의 저작물을 그대로 도용하는 것은 불법이다. 챗GPT를 이용하여 혐오 발언이나 차별적인 발언을 생성하는 것은 윤리적으로 문제가 될 수 있다. 챗GPT를 이용하여 개인정보를 수집하거나 개인정보를 유출하는 것 또한 불법이므로 개인정보 보호에 대해 철저히 인식해야 한다.

한국디지털문인협회 출범과 역할

한국디지털문인협회는 디지털 시대에 맞는 문학의 발전을 추구하기 위해 2022년 5월에 창립되었다. 창립 이후 다양한 활동을 벌이며 문학계의 주목을 받고 있다. 협회조직은 이상우 이사장과 김종회 회장이 맡고 있으며 디카시 위원회, 디지털책쓰기교육 위원회, 디지털 저작권 위원회 등 18개 분과 위원회와 5개의 특별 위원회를 두고 다양한 활동을 하고 있다.

한국디지털문인협회는 디지털 시대에 맞는 문학의 발전을 선도하고 문학의 대중화와 국제화에 기여하기 위해 다양한 활동을 하고 있다. '디지털문학의 미래와 전망'이라는 주제로 제1회 학술 심포지엄을 시작으로 매년 디지털과 문학을 주제로 심포지엄을 열고 있는데 제2회 학술 심포지엄은 '챗GPT와 문학의 미래'를 주제로 2023년에 진행되었고 2024년 5월 제3회 세미나는 '인공지능시대와 디지털 문학의 미래'라는 주제로 열렸다.

70여 명의 공동 필자가 참여하는 공동 문집을 1년에 두 차례 발행하고 있으며, 전국 규모의 글쓰기 공모전을 해마다 실시하고 있다. 그 외에 문학기행, 명사초청 특강을 통해 회원들의 작품을 발표하고 축하하는 행사를 통해 독자와 소통하는 기회를 제공하고 있다. 또한 디지털책쓰기 교육과 세미나를 통해 디지털 기반의 책쓰기 실전 교육을 제공하고 있다.

협회는 디지털 시대에 맞는 문학의 발전을 위해 누구나 쉽게 문학을 접할 수 있도록 디지털 기술을 활용하여 문학의 창작과 유통 방식을 혁신하고, 디지털 문학의 새로운 장르를 개척하여 회원들의 작품을 디지털 플랫폼에 발표하며 독자와 소통하는 것을 지원하고 있다.

향후에는 해외의 디지털 문학과 교류하고, 국제적인 디지털 문학 축제를 개최하는 등 문학의 국제화를 추진하기 위해 해외의 국제적인 디지털 문학 네트워크를 구축하고자 하고 있다. 동시에 문학의 윤리와 디지털 문학의 저작권 보호에도 힘을 쏟아 디지털 시대에 맞는 문학의 발전을 선도하고 문학의 대중화와 국제화에 기여할 것으로 기대된다.

디지털 글쓰기 어디서 어떻게 하지?

디지털이라는 단어의 뜻은 '자료나 정보 따위를 이진수와 같은 유한 자릿수의 수열로 나타내는 일'이다. 다시 말해서 모호하지 않고 정확하다는 것이 특징이다. 디지털의 형태는 간결하게 표현되기 때문에 자료를 읽고 쓰는 데 명확하다.

우리는 디지털 시대에 살고 있고 디지털식 사고를 해야 하는 시대에 살고 있다. 글쓰기에 있어서도 달라져야 한다. 기존의 아날로그 방식에서 디지털로의 전환을 통해 디지털 시대에서 필요로 하는 방법에 익숙해져야 한다.

의식하든 의식하지 않든 우리는 매일 사용하는 페이스북, 블로그, 트위터, 카카오톡, 인스타그램 등을 통해 글쓰기를 하고 있다. 세상은 디지털 콘텐츠를 사용함에 있어서 전혀 낯설지 않은 상황으로 돌아가고 있으며 디지털 원주민들이 그 혜택을 톡톡히 누리는 수혜자다.

디지털 원주민들은 스마트폰이나 태블릿 PC, 노트북을 활용하여 글을 쓴다. 전혀 불편해하지 않으면서 자신의 모든 것을 드러내고 소통한다. 디지털 시대의 글쓰기는 자기표현 방법 중 하나이다. 간단한 키워드 입력을 통해 자신이 원하는 곳으로 이동하며 살아있는 생명체처럼 유기적으로 움직인다. 우리는 글을 통해 자신을 알리기도 하고 위로를 얻기도 하며 서로의 마음을 주고받는다. 또 우리의 모든 것들이 나를 전혀 모르는 사람에게 읽히고 공유된다.

디지털 방식으로 글쓰기는 다음과 같은 방법들이 있다.

1) 워드프로세서

대표적인 워드프로세서로는 한글과컴퓨터의 한컴오피스, 마이크로소프트의 MS 워드, 구글 독스 등이 있다. 이들 프로그램은 문서 작성에 필요한 다양한 기능을 제공하며, 문서의 저장과 편집이 용이하다.

2) 블로그

블로그는 개인이나 기업이 자신의 생각이나 정보를 자유롭게 공유할 수 있는 플랫폼이다. 블로그를 이용하면 글을 작성하고, 이를 인터넷을 통해 공유할 수 있다.

3) 이메일

이메일은 개인이나 기업이 다른 사람에게 메시지를 전달하는 수단이다. 이메일을 이용하면 글을 작성하고, 이를 상대방에게 전송할 수 있다.

4) 소셜 미디어

소셜 미디어는 개인이나 기업이 자신의 생각이나 정보를 공유하고,

다른 사람들과 소통할 수 있는 플랫폼이다. 대표적인 소셜 미디어로는 카카오톡, 페이스북, 인스타그램, X구 트위터 등이 있다.

5) 문서작성 도구

문서작성 도구는 문서작성에 필요한 다양한 기능을 제공하는 프로그램이다. 대표적인 문서작성 도구로는 메모장, 구글 독스, 네이버 오피스 등이 있다.

6) 온라인 글쓰기 플랫폼

온라인 글쓰기 플랫폼은 글을 작성하고, 이를 다른 사람들과 공유할 수 있는 플랫폼이다. 대표적인 온라인 글쓰기 플랫폼으로는 브런치, 티스토리 등이 있다.

7) 디지털 노트

디지털 노트는 노트를 디지털 방식으로 작성하고, 이를 저장하고 관리할 수 있는 프로그램이다. 대표적인 디지털 노트로는 에버노트 Evernote, 노션Notion 등이 있다.

위와 같은 방법들은 디지털 방식으로 글을 작성하고 이를 저장하고 관리할 수 있는 다양한 방법이다. 이제 챗GPT의 등장으로 말로만 명령해도 글을 완성해 주는 시대가 도래했다.

챗GPT 세상 생존법 '친구확인'

프로메테우스Prometheus는 고대 그리스 신화에서 인간에게 불을 주었다가 제우스의 징벌을 받는다. 화가 난 제우스신은 프로메테우스를 산에 결박하고 독수리를 보내어 매일 간을 파먹게 하는 형벌을 내린다. 반면 불을 선물 받은 인간은 삶에 큰 변화와 이득을 보게 된다. 불로 맹수를 쫓아낼 수 있었고, 익힌 음식을 먹게 되면서 다른 동물보다 작은 크기의 내장으로도 소화를 시킬 수 있었다. 인간들은 불 덕분에 더 많은 에너지를 섭취할 수 있어 여분의 에너지는 두뇌 발전에 쓰이게 됐고, 이는 곧 문명의 발전으로 이어졌다.

해외는 물론 국내 인공지능AI 회사들이 앞다퉈 우리의 이곳저곳에 '불'을 붙여주고 있다. 그 대표적인 불이 '챗GPT'임은 확실하다. 하루가 다르게 발표되는 GPT 연계 상품과 서비스는 전 세계적으로 많은 사람에게 놀라움과 두려움을 동시에 안겨주고 있다.

오픈AI발 챗GPT 개발 경쟁인 마이크로소프트의 'BING'은 '제미나이Gemini로, 구글의 'BARD'는 '코파일럿Copilot'을 선보이며 불이 옮겨붙었고 국내 시장에서도 네이버클로바X와 SK, 삼성 등이 한국어 기능

인간에게 불을 선사했지만 벌을 받는 프로메테우스

을 탑재한 생성형 AI를 개발하며 이 불길에 뛰어 들었다.

요즘에는 어려운 PC버전을 굳이 쓰지 않더라도 국내 업체들이 내놓고 있는 '애스크업Askup'이나 '뤼튼wrtn' 같은 카톡 버전을 쓰면 훨씬 편리하다. 카톡 버전 GPT는 통역도 필요치 않고 대화하듯이 말만으로도 질문이 가능하여 누구나 활용할 수 있다. 오히려 국내 검색엔진이 외국사들에서 제공하는 데이터보다 더 많기 때문에 국내 자료를 찾고 싶은 경우 훨씬 정확한 정보를 얻을 수 있다는 강점도 있다.

챗GPT는 나를 도와주는 도구로서 친구이자 똑똑한 비서임에 틀림없다. 책쓰기는 물론 수필 쓰기에도 적극 활용되고 있다. 그동안 사용해 본 경험이나 전문가들의 조언에 의하면, GPT를 잘 쓰기 위해서는 먼저 친근한 친구가 되기를 권하고 있다. 그런 의미에서 필자는 챗GPT 세상을 살아가는 방법으로 '친구확인'을 추천한다.

여기서 '친'이란 GPT와 친구처럼 가까이 두고 지내라는 의미다. 친구는 늘 곁에서 친하게 지내고 함께 놀아줘야 한다. 그렇지 않으면 거리가 멀어질 수밖에 없다. '구'는 구체적인 아웃풋이나 결과물을 정하고 질문도 구체적이어야 한다는 것이다. 챗GPT를 잘 쓰기 위해서는 무엇보다도 질문Prompt: 프롬프트이 중요하다. 질문의 방법이나 깊이에 의해 답이 몰라보게 달라지기 때문이다. 가령 "어머니에 대한 글 하나 써 주세요" 같이 두루뭉술한 질문보다는 "어머니의 애틋한 자식 사랑을 담은 수필을 3천자 이내로 써 주세요"라고 구체적으로 물으면 그 결과물은 놀라울 정도로 좋아진다.

'확'은 확인하고 체크하는 자세가 필요하는 뜻이다. GPT 결과물은 하나의 보조 수단에 불과하기 때문에 원하는 내용이 다르거나 틀릴 수도 있다. 의외로 원하지 않는 정보가 나오거나 내용 중에 오답이 있는지에 대해서 직접 확인해야 한다. 특히 출처에 대해서도 관심을 기울여야만 저작권 문제도 피할 수 있다. 마지막으로 '인'은 인정해야 할 것은 인정하라는 뜻이다. 챗GPT가 원하는 모든 것을 해결해 준다거나 해결사는 더욱 아니다. 좋은 친구란 잘나고 훌륭한 친구가 아니다. 늘 가까이에서 관심을 가져주고 어려울 때 도와주는 존재가 진정한 친구다.

앞으로는 인공지능을 다룰 줄 아는 자가 새로운 시대의 부를 쥐는 'AI 격차의 시대'가 성큼 다가오고 있다. 챗GPT에 대한 기우가 우려되고 비밀 유출이나 저작권 보호 등 여러가지 문제가 대두되고 있지만 프로메테우스의 불이 그랬듯 혁명적 기술의 양면성은 필연이다. 서서히 분열시키면 에너지가 되지만 폭주하면 대량 살상 무기가 되는 원자력의 이치도 그렇지 않은가.

　이제 챗GPT는 더 이상 공포의 대상이거나 기피 대상도 아니다. GPT 세상에서 남에게 뒤지지 않는 길이 있다. 피하기보다 친한 친구처럼 관심을 가질 때 챗GPT가 더 친근하게 다가올 것이다. 늘 친구로 가까이 지내며 수시로 하는 '친구확인'이 챗GPT 세상을 사는 지혜가 아닐까 싶다.

스마트폰 하나로 책을 쓴다면 믿으시겠습니까?

원고지에 연필로 꾹꾹 눌러쓰던 시대는 지났다. 컴맹이어도 괜찮다. 스마트폰만 있으면 된다. 스마트폰만 있으면 책을 쓸 수 있다. 스마트폰은 이제 오장육부五臟六腑가 아닌 오장칠부가 되어 잠시도 우리 곁을 떠날 수가 없다. 게다가 기능이 매우 다양해져서 웬만한 일은 스마트폰으로 다 할 수 있다. 이제 누구나 스마트폰을 들고 다니고 그것으로 글을 쓰고 책을 만드는 시대다. 스마트폰으로 AI에 말 걸기, 이것이 글쓰기 시작이다.

필자의 지인이자 칠십대인 어떤 회장님은 매일 잠자리에 들기 전 10분 동안 스마트폰으로 일기를 쓴다. 그날 일어난 일, 하루 동안 한 일들을 뇌리에 떠오르는 대로 중얼거리면 일기가 작성이 된다. 그 분은 그렇게 일기 쓰기를 하다가 취미가 붙어서 지금은 자서전 쓰기에 도전하고 있다.

"제가 어떻게 책을 써요?"

"말도 안 돼요."

시니어들에게 책을 쓰라고 권유하면 대부분 이런 반응을 보인다. 책을 쓰고 싶은 마음은 굴뚝같지만 구체적으로 고민해 보지 않았기 때문이다. 책은 누구나 쓸 수 있는데 방법을 모를 뿐이다. 감성과 창의가 필요한 문학적인 책이나 수필과 같은 상상력이 필요한 책이 아니라면 경험으로 쓰는 실무서의 경우 누구든 가능하다.

책은 콘텐츠 50%와 기술 50%로 이루어진다. 사람들은 누구나 자신만이 가지고 있는 콘텐츠와 전하고 싶은 메시지가 있다. 그것이 암묵지로 자신의 머릿속에 남아 있다. 이것을 밖으로 꺼내는 것이 스마트폰을 활용해서 책을 쓸 수 있는 기술이다.

당신의 인생 경험을 꺼내라. AI와 스마트폰에 말을 걸어 보시라. 책 쓰기의 출발이다.

100만 원짜리 스마트폰이 고작 3만 원 전화통

요즈음은 나이에 관계없이 누구나 최신 스마트폰을 쓴다. 그 값이 TV 한 대 값보다 더 비싼 100만 원대다. 새로 나온 폴더블폰 같은 경우는 240만 원이 넘는다. 나이든 시니어들도 예외 없이 비싼 스마트폰을 쓰고 있다. 대개 아들딸들이 사주기 때문인데 사실은 거의 전화나 하고 카톡 같은 메신저 정도의 기능만을 활용하고 있다. 100만 원짜리 스마트폰을 고작 3만 원짜리 전화통으로 사용하는 사람들이 너무 많아 안타깝다.

비싼 스마트폰을 제대로 쓰는 방법을 알아야 액티브 시니어가 될 수 있다. 스마트폰의 기능은 이루 열거하기 힘들 정도로 많다. 현재 모든 것이 디지털화 되고 있으며 스마트폰으로 작동하도록 변화하고 있기 때문에 스마트폰을 잘 사용하는 사람과 그렇지 못한 사람으로 나누어져 격차가 벌어지고 있다.

현대인은 인터넷 SNS 글쓰기로 글쓰는 습관에 길들여져 있다. 액티브 시니어들은 X구 트위터, 페이스북, 카카오스토리, 밴드 활동을 하면서 글쓰기에 익숙하다. 과거에는 논문 한 편을 쓰려면 도서관에 가서 자료를 찾고 그것을 수북이 쌓아 놓은 채 부산을 떨면서 완성에 몇 달이나 걸렸다. 하지만 이제 인터넷을 사용한다. 인터넷 세계는 거의 무한대의 자료 창고다. 문명의 이기를 최대한 활용할 수 있는 사람이 가장 큰 성공을 거둔다.

책을 쓰거나 처음 쓰는 사람들한테 제일 시간이 많이 걸리고 중요한 것이 자료수집이다. 그 중 하나가 두꺼운 노트에 메모하고 오려 붙여 모은 자료들이다. 그러나 이렇게 어렵게 모은 자료를 찾아서 다시 활용하려면 꽤나 많은 시간과 노력이 필요하다. 정보수집이나 활용을 쉽게 하려면 최신 도구들을 잘 활용해야 한다. 이제 컴퓨터와 스마트폰 자료 관리로 대체되었다.

그런데 최신 기술을 모르는 사람들은 책을 읽다가 필요한 부분이 생기면 복사하여 스크랩해 놓든가 책 자체에 포스트잇을 붙여 놨다가 나중에 필요할 때 찾아내어 PC에서 타이핑하는 방법 이외에는 별다른 수단이 없었다. 필요하다고 생각하는 자료들을 보관하는 방법도 문제였다. 지금은 필요한 부분을 어디에서, 언제 발견하였든 장소와 시점에 관계없이 사진을 찍기만 하면 텍스트 문서로 컴퓨터에 저장된다.

정보수집은 검색만으로 원하는 정보를 거의 해결해 준다. 특히 PC를 쓰지 않고도 이제 스마트폰에서 말로 명령만 내리면 언제 어디서든 각종 검색엔진에 들어가 필요한 자료를 찾아준다. 그 자료를 즉시 복사하여 내가 원하는 형태로 클라우드에 저장해 놓을 수 있다.

더구나 외국 서적이나 자료에서 책 집필에 필요한 부분이 있다면 이제는 걱정할 필요가 없다. 필요한 부분을 사진을 찍거나 만약 전자서적으로 읽을 수 있는 책자라면 그 문서를 그대로 번역기에 넣기만 해도 즉시 번역해 주기 때문에 예전에 비하면 책쓰기가 엄청나게 유리해졌다. 정보를 얻기 위해서 안테나를 뽑아 놓기만 하면 관련 정보가 모아질 수 있어서 관심을 두기만 한다면 정보수집은 걱정할 필요가 없는 세상이 되었다.

스마트폰 하나만 있어도 언제, 어디서나 스마트 워킹을 할 수 있다. 스마트폰 하나만 있으면 걸을 때나, 대중교통에 타서나, 산행을 할 때나, 해변에 가 있을 때나, 비행기를 타고 있거나, 또는 집에 있을 때에도 업무상 필요한 데이터를 즉시 찾아낼 수 있다. 보다 깊은 이해가 필요할 경우 대상이 되는 스마트폰의 자료 상에서 스마트폰에 대고 음성으로 댓글을 작성하면 그 자료에 공유되어 있는 모든 사람으로부터 실시간으로 댓글 답신을 받을 수 있다. 협업하는 모든 사람들이 문서를 공유하기만 하면 수정할 때마다 별도의 이메일을 관련된 모든 사람들에게 보낼 필요가 없다.

스마트폰과 스마트 워킹 관련 기술의 엄청난 발전으로 인해 과거에 수도 없이 많은 회의, 보고서 작성, 국내외 출장, 어디 있는지 찾기도 힘든 정도의 수많은 이메일 교신을 통해 진행해 왔던 일하는 방식을 이제는 스마트폰 하나만으로도 스마트 워킹과 실시간 의사소통의 방식으로 바꿀 수 있게 되었다.

스마트폰을 잘 다룰 줄 모르던 시니어들이 앞장서서 스마트폰에 대한 인식을 바꾸고 3만 원 정도의 기능만을 활용하던 100만 원짜리 스마트폰을 1,000만 원 이상의 효과를 내는 스마트 워킹 도구로 잘 활용하기 시작했다. 액티브 시니어들이 일하는 방식에 있어 혁명의 선구자가 되어 우리 사회 전반에 스마트 워킹을 뿌리내린다면 그 효과는 상상하지 못할 만큼 클 것이다.

책쓰기, 스마트폰 하나면 충분하다

스마트폰이 진화하면서 PC나 노트북보다 똑똑해졌다. 이제는 특별한 다른 하드웨어나 소프트웨어 없이도 스마트폰만 잘 활용하면 글을 쓰고 책을 쓸 수도 있다.

앞으로 소개하게 될 스마트폰 기능으로, 말하면 문서가 작성되는 기능STT: Speech to Text, 이미지를 사진 찍으면 문서가 작성되는 기능ITT: Image to Text, 문자를 읽어 주는 기능TTS: Text To Speech은 PC에는 없는 기능이다. 물론 STT의 경우, 특이하게 구글 문서에서는 그 기능을 PC에서도 구현할 수 있다.

그리고 더욱 중요한 것은 일반적으로 일상생활에서 PC나 노트북을 들고 다닐 수 없는 상황에서 스마트폰만 소지해도 언제든지, 어디서나 스마트 워킹을 할 수 있도록 지원해 주는 부분이 가장 큰 이점이라는 사실이다.

이처럼 스마트폰이 기능적으로는 PC보다 더 좋지만 문제는 성능상 PC나 노트북에 비해 많이 뒤떨어진다는 점을 잘 이해하고 활용해야 한다는 부분이다. 스마트폰은 간혹 무슨 이유인지 알 수 없이 갑자기 작동하지 않는 경우들이 생긴다.

그동안 필자가 교육했던 시니어 교육생들이 이런 상황에 대해 불평을 늘어놓는다. 그 때마다 "그냥 껐다가 켜세요"라고 이야기한다. 이 책에서 소개하는 모든 스마트폰 앱들은 자동 저장 기능이 있다. 만약 문제가 생겨서 스마트폰을 껐다 켜더라도 이전 데이터는 이미 자동 저장되어 있으니 걱정하지 않아도 된다.

스마트폰 앱으로 무슨 작업을 하고 있는데 갑자기 전화가 와서 받는다. 그렇다고 스마트폰 앱에서 작업하던 것이 중단되거나 데이터가 날아가지 않는다. 통화가 끝나고 다시 돌아가기만 하면 된다.

간혹 어떤 앱의 한 기능이 갑자기 작동하지 않는 경우가 있다. 이때는 그 앱을 지워 버리고 다시 다운로드 받으면 된다. 그러면 또 많은 사람들이 고장 나기 전까지 그 앱에 저장되어 있던 데이터가 사라지지 않느냐고 걱정한다. 필자가 항상 강조하듯이 그 데이터가 자신의 스마트폰에 별도의 조치 없이 저장되어 있었더라면 날아갔을 것이다. 그러나 걱정하지 마시라. 앞으로 소개될 앱에서 생성된 데이터는 모두 클라우드에 저장될 것이다. 그러므로 앱만 새로 다운로드 받으면 그 데이터들은 클라우드 서버에 그대로 살아있으니 안심해도 된다.

구글 드라이브를 활용한 공동 책쓰기 혁명

바야흐로 대중지성의 시대요, 협력Collaboration과 융합Convergence의 시대다. 손 안의 스마트폰으로 세상 모든 정보와 자료를 검색할 수 있고 그것을 곧바로 응용할 수 있는 시대다. 인터넷 검색 능력, 그리고 그 정보와 자료를 응용하는 능력이야말로 대중지성의 요체임을 끊임없이 환기시켜 준다.

최근에는 그런 능력과 뜻을 같이 하는 가까운 사람들이나 직장인들이 정보와 자료를 공유할 수 있는 시스템이 구축되었다. 그것이 바로 인터넷 기반 클라우드 컴퓨팅Cloud computing 시스템이다. 클라우드 컴퓨팅의 정의는 개인이 가진 단말기를 통해서는 주로 입/출력 작업만 이루어지고, 정보분석 및 처리, 저장, 관리, 유통 등의 작업은 클라우드라고 불리는 제3의 공간에서 이루어지는 컴퓨팅 시스템 형태라고 할 수 있다.

클라우드 컴퓨팅이 일반화되면서 인터넷상에 자료를 저장해 두고 사용자가 필요한 자료나 프로그램을 자신의 단말기에 설치하지 않고도 인터넷 접속을 통해 언제 어디서나 이용할 수 있게 되었다.

소위 스마트 워킹Smart working으로 일하는 방식이다. 이러한 스마트 워킹은 코로나로 인해 거리두기가 시작되자 비대면 업무방식으로 전환되면서 급격하게 확산되었다. 업무의 낭비 요소를 줄이고 몰입도를 높여 고객 가치를 극대화하기 위한 업무 개선 방법이다. 이메일 보고와 화상 회의, 전화 회의 등을 적극 활용하고, 대면 회의는 최소화하며 회의 자료의 양과 참석자도 최대한 줄여서 불필요한 업무와 회의, 보고 등 부수적인 일에 소모되는 수고를 최소화하고 실제 핵심 업무에 집중하도록 함으로써 일의 능률은 높이면서 업무 스트레스는 최소화하는 업무 개선 방법이다.

책쓰기도 협업의 시대를 맞아 꼭 필요한 방식이다. 이제 한 분야의 전문성만으로는 대응할 수 없고 전문성의 변화 속도는 더 빨라질 것이기 때문이다. 더구나 모바일과 클라우드 기술을 활용한 실시간 의사소통이나 공유 시스템은 여러 사람이 한꺼번에 작업을 아주 효과적으로 할 수 있도록 지원해 주기 때문에 여럿이서 공저를 하는 데 유리하다.

공유기능 중에 구글 드라이브를 사용한다면 문서를 공유 문서함에 넣고 실시간으로 여럿이서 댓글을 통해 수정이나 주문 사항을 요청하기도 하고 내용을 직접 수정할 수 있기 때문에 직접 만나서 회의를 하고 같이 일할 필요가 없다. 또한 전화를 하거나 이메일로 문서를 보낼 필요도 없다.

더욱 중요한 것은 서로 쓴 글들을 수시로 확인할 수 있기에 자동적으로 눈높이가 조절되는 효과도 있으며 일정 관리가 용이하다는 점이다. 사실 여러 명이 글을 쓸 경우 한 사람만 문제가 생겨도 출간을 못하는 경우가 많은데 이를 자동 해결할 수 있다는 장점이 있다. 이 책도 공동 저자는 물론이고 출판사, 디자이너 등 여러 사람들이 구글 드라이브 공유문서를 통해 진행했는데, 전에 따로따로 써서 통합작업했던 방식에 비하면 3배 정도 빠르게 끝낼 수 있었고 일정관리도 매우 용이했다.

참고로 구글 드라이브는 개인이 활용할 경우 1인당 15GB의 공간을 무상으로 제공한다. 드라이브상에서 직접 작성한 구글 문서들은 무한대로 무료 저장할 수 있다. 더구나 구글 문서는 리얼타임으로 자동저장 기능이 있어서 문서를 날릴 염려가 절대로 없다는 특징이 있다. 고칠 때마다 이전 버전을 그대로 찾아볼 수도 있다.

수정 요청 사항은 댓글을 통해 직접 만나지 않고도 의사소통이 가능하다. 따라서 교정 시에도 서로 내용 확인이 가능하기 때문에 아주 유용하게 활용할 수 있어서 편리하다. 구글 이외에도 네이버 클라우드30GB 무상제공, Dropbox2GB 무상제공나 OneDrive5GB 무상제공, 한컴 넷피스242GB 무상제공 및 기타 여러 가지의 무상 저장 공간 확보를 위한 수많은 앱들이 있다.

출판계에 불어오는 디지털화 바람

2020년 벽두를 강타한 코로나19 사태로 많은 회사들이 재택근무를 선택했다. 이미 많은 회사가 '스마트 워크'를 통해 출퇴근을 중요하게 생각하지 않고 있으며 심지어 직원들의 지정석조차 없는 디지털 워크플레이스Digital workplace 근무환경을 제공하면서도 높은 생산성을 유지하고 있다. 요즘에는 호텔이나 휴양지에서 여행을 즐기면서 일을 하는 워케이션이 유행하고 있다. 이제 직원들이 일을 어떻게 하고 있는지 시스템을 통해서 상세하게 파악할 수 있기 때문에 자율권을 과감하게 줄 수 있어 직원들의 업무 몰입도는 크게 향상될 수 있다.

출판사 업무는 재택근무를 통한 스마트 워킹이 가장 잘 어울리는 업무다. 어디서 작업을 하건 원고 교정, 교열, 디자인 작업 등이 실시간으로 확인이 되는 업무이기 때문이다. 구글 드라이브에서 공유시스템을 통해 공동작업을 하다 보면 누가 작업장에 들어와서 무슨 작업을 하고 있는지가 한 눈에 다 보이기 때문에 게으름을 부릴 수가 없다.

오히려 출퇴근 시간을 줄일 수 있어 상대적으로 피로감을 덜 수 있고 일의 능률은 배가 된다. 비싼 돈을 들이지 않고 스마트폰을 활용해서 단기간 내에 스마트 워킹을 가능하게 함으로써 재택근무, 유연근무 등을 즉시 시행할 수 있어 직원들의 업무 몰입도 향상과 함께 출판 업무의 사무생산성을 더욱 크게 향상시킬 수 있는 것이다. 더구나 디지털화 바람은 AI 그리고 챗GPT 출현으로 출판계에도 영향을 미치고 있다. 이러한 기술들은 출판 산업의 디지털화를 가속화하고 있으며 다음과 같은 변화를 일으키고 있다.

첫째, 디지털방식의 맞춤형 출판의 출현이다. 맞춤형 출판은 독자의 요구에 따라 책을 주문제작하는 것이다. 대표적인 예로는 POD Print on Demand 출판이 있다. POD 출판은 독자가 원하는 내용과 디자인으로 책을 주문하면 출판사가 이를 인쇄하여 제공하는 디지털 출판 방식이다. POD 출판의 대표적인 사례는 미국의 'Lulu'다. Lulu는 독자가 자신이 쓴 글을 업로드하고 이를 책으로 출판할 수 있는 서비스를 제공한다. 독자는 책의 디자인과 가격을 직접 결정할 수 있으며 출판된 책은 아마존 등의 온라인 서점에서 판매된다.

디지털 출판은 일반 출판에 비해 비용이 적게 든다. 인쇄 및 유통 비용이 크게 감소하기 때문이다. 국내에서는 '부크크'라는 출판사가 있다. 부크크는 작가가 쓴 글을 PDF 파일로 변환하여 업로드하면 이를 책으로 출판해 주는 서비스를 제공한다. 출판 비용은 종이책 기준으로 소량의 경우 권당 약 2~3만 원 정도지만 대량으로 발주하면 가격이 떨어진다. 작가가 직접 책의 디자인과 가격을 결정할 수 있다.

또한 디지털 출판은 일반 출판에 비해 출판 속도가 빠르다. 저자는 컴퓨터를 이용하여 원고를 작성하고 즉시 출판할 수 있다. 국내에서는 '브런치'라는 플랫폼이 있다. 브런치는 작가가 자신이 쓴 글을 자유롭게 업로드할 수 있는 플랫폼이다. 작가가 브런치에 글을 올리면 출판사들이 이를 검토하고 출판 계약을 체결할 수 있다.

둘째, 저자들이 AI와 챗GPT 기술을 활용해서 단기간에 쓸 수 있기 때문에 여기에 대한 출판사의 대응이 필요해졌다. 특히 챗GPT를 많이 활용한 원고의 경우 기계적 용어로 구성되거나 챗GPT가 잘못된 정보를 그럴듯하게 문장으로 구성할 수 있기 때문에 면밀한 검토가 필요하다.

셋째, AI가 만든 콘텐츠의 저작권 문제가 발생할 수 있다. 대응책으로는 AI가 만든 콘텐츠의 저작권 보호를 위한 법적 제도를 마련하고 출판사들은 AI 기술을 활용하면서도 저작권을 보호할 수 있는 방안을 모색해야 한다. 예를 들어 AI가 만든 콘텐츠를 출판할 때는 해당 콘텐츠가 인간의 저작물과 구분될 수 있도록 표시해야 한다. 또한 AI가 만든 콘텐츠를 이용할 때는 저작권자의 동의를 받아야 한다.

넷째, 출판 산업의 일자리가 변화할 수 있다. 종이 출판 분야에서는 인쇄 및 제본 등의 작업이 필요하지만 디지털 출판 분야에서는 이러한 작업이 필요하지 않다. 출판사들은 새로운 일자리 창출과 기존 직원들의 재교육 등을 통해 일자리 변화에 대응해야 한다. 예를 들어 디지털 출판 분야에서는 AI를 활용한 디자인, 마케팅, 데이터 분석 등의 분야에서 새로운 일자리가 창출될 수 있다. 기존 직원들은 디지털 출판에 대한 교육을 받아 새로운 역량을 갖추어야 한다.

출판사들은 이러한 디지털 기술변화의 파도가 몰려오고 있는데도 일하는 방식을 옛날 방식을 그대로 고수하거나 변화하는 출판시장에 눈을 돌리지 않는다면 갈수록 책이 팔리지 않는 환경에서 경쟁에 밀려날 수밖에 없다.

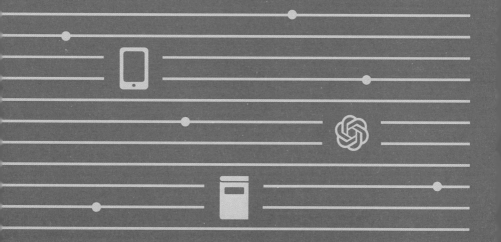

2장

왕초보 당신도 당장 도전하라

자서전의 내용으로 나만이 쓸 수 있는 특별한 면을 우선 부각시켜야 한다. 누구나 자신만이 가진 특별함이 있다.

노마지지의 지혜를
책과 글로 남겨야

예전에 시인, 작가들은 거의 20대에 등단해서 활동을 시작했다. 우리나라 교과서에서 만나는 시인, 작가들 대부분이 그랬다. 하지만 요즘에는 50대, 60대에 문단에 데뷔해서 훌륭한 작품을 쏟아내는 분들이 많다. 시는 20대의 감수성, 소설은 30대의 인생력이라는 설說은 썰이 되고 말았다. 100세 시대인 만큼 노익장의 시대가 되었다.

춘추시대 오패五霸의 한 사람이었던 제齊나라 환공桓公 때의 일이다. 환공이 명재상 관중管仲과 대부大夫 습붕隰朋을 대동하고 고죽孤竹이라는 나라를 정벌하러 나섰다. 때는 추운 겨울이었다. 환공의 군대는 혹한 속에 지름길을 찾아 귀국하다가 길을 잃고 방황하게 되었다. 그때 관중이 말했다.

"이럴 때는 늙은 말에게 배워야 합니다."

그래서 시험 삼아 늙은 말을 풀어주고 그 뒤를 모두 따랐더니 과연 늙은 말은 길을 찾아내어 수만 명에 달하는 환공의 군대는 고국으로 돌아오는 길을 찾을 수 있었다. 하지만 이내 환공의 군대는 산길을 행

군하다가 식수가 떨어져서 모두 갈증에 허덕이게 되었다.

그때 습붕이 말했다.

"개미란 놈들은 여름에는 산의 북쪽에 집을 짓지만 겨울에는 산의 남쪽 양지 바른 곳에 집을 짓고 서식하는 습성을 지니고 있습니다. 개미집이 있으면 거기서부터 일곱 자를 파면 반드시 물이 있다고 들었습니다. 산기슭 남쪽에서 개미집을 찾아보면 어떨까요?"

그리하여 군사들이 산을 뒤져 개미집을 찾은 다음 그곳을 파내려가자 과연 샘물이 솟아났다. 이를 두고 한비자韓非子가 이렇게 말했다.

"관중이나 습붕 같은 지혜 있는 자들은 모르는 것이 있으면 늙은 말과 개미를 스승으로 삼아 배울 줄 알았다. 그런데 오늘날 사람들은 자신이 어리석음에도 성현의 지혜를 교훈삼아 배우려 하지 않는다. 이것은 지극히 잘못된 유감스러운 일이다."

노마지지老馬之智의 일화에서 보듯이 직장을 퇴직한 시니어들은 쓸모가 다한 사람들이 아니다.

"나이가 들어 이제 할 수 있는 게 아무것도 없어…"

하지만 액티브 시니어들은 전혀 그런 생각을 하지 않는다. 100세 시대를 현명하게 살아가고자 고민하는 액티브 시니어들은 왕성한 에너지로 글을 쓰고 책을 만든다. 나이 들어서 늦깎이로 대성한 작가로 김훈이 있다.《칼의 노래》,《남한산성》으로 유명한 그는 쉰 살이 넘도록 기자생활을 했다. 40대 후반에 《빗살무늬토기의 추억》이라는 소설로 문단에 데뷔했는데 당시 겨우 500부 팔렸다고 한다.

이후 54세 때 발표한 《칼의 노래》가 동인문학상을 수상하면서 소설가로 본격적인 작업을 시작했다. 그런데 故노무현 대통령이 탄핵을 당하는 어려운 시기에 《칼의 노래》를 읽었던 것으로 알려지면서 200만 부나 팔리는 밀리언 셀러가 되었고, 계속해서 작품을 펴내면서 한국을 대표하는 작가로 우뚝 섰다. 그의 원작을 바탕으로 드라마 〈불멸의 이순신〉과 천만 관객이 든 영화 〈명량〉, 〈남한산성〉이 만들어지기도 했다.

통계에 따르면 우리나라도 2023년 65세 이상 인구는 973만명으로 인구 대비 19%를 차지하고 있어 고령사회가 되었다. 여기에 우리나라 평균수명은 80세를 넘어가는데 직장인 평균 은퇴연령이 53세에 불과한 것을 볼 때 은퇴 후에도 30년 이상 더 산다는 의미다. 더구나 7백만 명이 넘는 베이비부머1955~1963년생 세대의 본격적인 은퇴가 시작되면서 가속화되는 고령화, 저출산과 은퇴 인력 증가는 정말 심각하다.

필자가 책을 써야겠다고 마음먹은 두 번의 계기가 있었다. 하나는 40년 전 일본 주재원으로 오사카에 살 때의 일이다. 우리 앞집에 사는 분이 NHK '안녕하세요'라는 한국어 방송 PD였는데 이분이 내가 한국으로 돌아온 이듬해인 1988년에 본인의 회사 퇴직기념으로 쓴 책을 한 권 가지고 한국을 방문했다. 제목이 《오사카에서 부산까지》라는 책인데 한국에서 만난 30여 분과의 평범한 이야기를 쓴 내용이었고 필자의 이야기가 삼 십여 쪽 들어있었다. 그 순간 '책을 낸다는 게 별거 아니네. 나도 한번 도전해 보자'는 생각을 갖게 되었다.

두 번째는 일본종합상사인 마루베니丸紅 상사에 단체로 연수를 갔을 때다. 그때 과장이 자신의 저서 2권을, 부장은 5권을 들고 나와 강의를 하는 것을 보고 적지 않은 충격을 받았다. 회사에서의 경험과 전문적인 내용들을 실무 책으로 발간한 것이었다. 그 당시 우리나라에서는 회사 근무하며 책을 내면 일을 하지 않고 놀았다고 눈총을 주거나 공식적으로 경고를 받는 시절이었다.

우리나라의 많은 경험과 전문성을 가진 분들이 회사를 그만두는 것과 동시에 그 많은 경험과 전문지식들을 기록으로 남기지 않기에 사내에 지적자산이 축적되지 않는다. 퇴임 후 사회에 나와서도 뚜렷하게 할 일이 없어 골프를 치거나 등산을 다니며 소일한다. 전쟁을 겪고, 혹독한 가난과 배고픔을 이겨내며 나라를 일으킨 경제 발전의 주역들이 아닌가. 수많은 은퇴 인력들이 가진 기술과 경험, 지식과 지혜가 사장되는 것이 매우 아깝고 안타깝다.

정부와 기업 등이 중장년 인력 활용을 위해 여러 시도를 하고 있지만 점점 늘어날 베이비붐 전후 세대의 은퇴 인력에 대비해 보다 공격적인 해결할 방법을 찾고 은퇴자들도 스스로 무엇을 위해 남은 생을 살 것인지 고민해야 한다. 이들의 기술과 전문성 그리고 살아온 지혜가 글과 책으로 남아 후손들에게 전해진다면 선진 대한민국에 일조하는 일이 아닐까. 그래서 필자는 협회에서 '1인 1책갖기 새마음운동'을 벌이고 있다.

액티브 시니어들은 그동안의 쌓아온 경험과 노하우를 정리하거나 나름대로 살아온 삶을 책과 글로 정리하는 사람들이다. 책과 글을 써서 젊음을 유지하고 이를 토대로 더욱 적극적인 경제활동을 할 수 있다면 그보다 좋은 일이 또 있을런지. 돈이나 부富만을 가진 노老테크는 자칫하면 '노No테크'로 전락할 위험성이 크다. 노후준비의 골든 타임은 따로 없다. '바로 지금'이다. 액티브 시니어, 파이팅!

자서전 쓰기, 이렇게 달라지고 있다

지금은 '자서전 시대'라고 할 만큼 자서전을 쓰려는 사람들이 많다. 인터넷, 블로그, 모바일로 이어지는 SNS시대를 맞이해서 누구나 글을 쓰는 시대가 되었기 때문이다. SNS시대는 누구나 글을 쓰는 나 홀로 작가의 시대다.

SNS 글쓰기에 숙달되어 있는 준비된 작가가 바로 당신이다. 이런 현상은 우리나라만의 일이 아니다. 이미 일본에서는 10년 전부터 전문직 종사자들의 책쓰기, 자서전 쓰기 열풍이 불어 닥쳤다. 미국의 경우는 더욱 빨랐다. 인터넷 시대가 문을 연 20년 전에 미국 사회에서 자서전 쓰기 열풍이 일었다. 나탈리 골드버그라는 사람이 쓴 《뼛속까지 내려가서 써라》라는 책은 150만 권 이상이 팔려 나가며 자서전, 회고록 쓰기 열풍을 실감하게 했다. 인터넷 시대가 문을 연 당시 미국에서는 《스무 살의 자서전》, 《서른 살의 자서전》 쓰기가 유행을 해서 연인들끼리 자서전을 건네 주면서 프로포즈를 하기도 했다.

우리 사회에도 책쓰기, 자서전 쓰기 열풍이 불고 있다. 인터넷, SNS 글쓰기가 습관화되었고 그 덕분에 넘치는 정보를 자기만의 체험으로 풀어내려는 욕구가 분출하고 있는 까닭이다. 이제는 더 이상 남에게 맡겨서 쓰는 대필 자서전은 자서전으로서 의미가 없는 시대가 되었다.

자서전을 쓸 때 가장 유념해야 할 것이 있다. 자기 주관만으로 일관되게 쓰지 말라는 당부다. 자서전은 자신이 읽기 위해서 기록하는 것이 아니라 타인을 위한 글임을 기억해야 한다. 혼자 알고 있는 것들을 굳이 독자와 공유하기 위해서 쓰는 글이라면 적어도 독자가 읽기 쉽고, 독자가 즐겁고, 독자에게 도움이 되면서 공감이 가야 한다.

많은 경우 자서전을 왜 이렇게 썼을까 싶을 때가 있다. 자신의 개인적인 인생과 주장을 적은 책은 가족도 읽지 않는다. 심지어 평생을 함께 살아온 아내나 남편에게 보여줘도 읽지 않는다. 고루하고 답답한 자신의 주장과 인생을 읽고 싶어 하지 않기 때문이다. 그래서 굳이 정치인들의 출판기념회가 아니더라도 일반인들의 출판기념회에 다녀와서도 그런 책은 왠지 손이 가지 않는다.

현대는 지위의 높고 낮음과 가지고 못 가진 것이 문제가 되지 않고 개인의 인격이나 인간성의 존엄이 더욱 부각되는 시대다. 개인으로서 삶의 선택이 다양하고 분화되면서 개인적인 특성이 두드러지게 인정받는 세상이다. 개인의 삶이 보다 개성적이어서 자신만의 인생을 기록하고 싶은 열망이 커지고 있다.

나만의 인생을 살았기에 더욱 자신의 인생에 당당하다. 그래서 현대적인 자서전에서의 전기적 글쓰기는 평생의 인생살이를 자신의 정체성으로 기록한 글이다. 자신이 살아온 일대기를 자신의 서술 방법에 의해 개인적인 기록으로 완성한 것이다.

적어도 자서전이 자서전으로서의 기본적인 품격은 가져야 한다. 곧 책의 품격을 가져야 한다는 뜻이다. 혼자 읽는 일기가 아니라 다중이 읽는 공중성을 띠기 때문이다. 자서전의 내용으로 나만이 쓸 수 있는 특별한 면을 우선 부각시켜야 한다. 누구나 자신만이 가진 특별함이 있다. 자신만의 개성을 적을 수 있으면 책으로서의 기본 품격을 지켰다고 할 수 있다. 이러한 의미에서 자서전을 쓸 때 유의해야 할 사항들을 종합적으로 정리하였다. 이어지는 내용을 참조하시길 바란다.

자서전을 쓰려는 목적과
발간 시점을 먼저 정한다

누구나 자서전을 한 번쯤 쓰고 싶어 한다. 하지만 어디에서 시작해야 할지, 어떻게 써야 할지, 무엇을 써야 할지 막막하고 난감할 수밖에 없다. 자서전을 쓰려면 그 목적why을 분명하게 하는 것이 제일 먼저 할 일이다. 그렇지 않으면 도중에 하차하는 경우가 많다. 자서전을 쓰고자 하는 시니어 중 자식들한테 혹은 가족들을 위해서 쓰겠다고 하는 분들이 꽤나 많이 있다. 그런 경우는 대개 실패할 확률이 높다. 왜냐하면 자식들은 평소에 아버지의 성공담이나 힘들었던 과거의 경험을 자주 들어왔다. 그런데도 아버지들은 자신의 삶을 교훈으로 남기고 싶어한다. 그렇지만 자식들은 평소에 귀가 따갑도록 들어온 이야기를 굳이 책으로까지 만들어 또 강조하려고 하는 의도에 마음이 불편해지기 때문이다. 그래서 자서전은 살아온 인생 전부를 시계열적으로 모두 정리하는 방식보다는 삶에서 의미있고 흥미도 있는 스토리 중심으로 읽는 독자에게 감동을 주는 에세이 형식을 권고하고 싶다.

자서전이 나올 날짜를 미리 정해 출발하는 것도 매우 중요하다. 목적이 정해지고 출판될 기념비적인 날을 정하면 성공 가능성이 훨씬 높아지기 때문이다. 인생에서는 누구에게나 소중한 '그 어느 날'이 있게 마련이다. 그 중의 하나가 환갑, 칠순, 팔순 같은 특정한 이벤트 날이나 결혼 50주년이 될 수 있고, 오랜 동안 다녔던 직장에서의 퇴직 기념집도 성공시킬 수 있는 하나의 방법이다.

그 다음으로는 자서전을 쓰려면 어떤 자서전을 쓸 것인가 정하고 출발해야 한다. 자신의 인생을 연대기별로 그대로 적어서는 자서전으로서 성공할 수 없다. 자서전은 자신이 읽기 위해서 적는 것이 아니라 자신 외의 사람들을 위해서 적는 기록물이다. 혼자 기록해두기 위해서 자서전을 쓴다고 하는 사람도 있다. 독자가 없는 글을 굳이 힘들여서 적을 필요가 있을까? 마음 안의 기록을 밖으로 적는 것이 글이라면 마음 안에 더 많은 사연이 있는데 굳이 저술할 필요가 없다.

자서전은 나 자신만의 기록이지만 남에게도 읽을 만한 가치가 있다고 생각될 때 그 의미가 크다. 자신의 삶을 정당화하기 위한 기록이라면 남을 설득해야 한다. 설득의 방법으로 자서전의 종류를 확인해서 내 자서전은 어떻게 기록할까를 반드시 생각해야 한다.

자서전을 쓰려면
현미경과 망원경이 동시에 필요하다

　자서전의 목적은 분명하다. 나를 보여주거나 변호하기 위해서 기록하는 한 사람의 일대기다. 아니면 삶을 종합적으로 정리한 이야기다. 그것도 아니라면 적어도 '내 인생은 이랬다'라고 말하고 싶은 동기에서 자서전은 출발한다. 철학적인 회고, 참회, 고백도 있지만 이 또한 자기변호가 중심에 들어있다.

　자기 인생을 정리하는 데 있어서 자신에게는 소중하지만 사실 멀리서 보면 그 인생은 그렇게 대단하지 않을 수 있다. 자신이 경험한 질곡같은 삶이나 처절한 성공담이 남에게는 감동을 주지 못할 수도 있다. 왜냐하면 모든 사람들은 세상 풍파를 겪으며 살기에 그 인생이 그 삶이고, 그 정도의 쓰라린 경험은 거의 다 가지고 있는 경우가 많기 때문이다. 자서전이 일대기인 것은 틀림없지만 단지 시계열적으로 사건이나 경험을 단순하게 나열해서는 결코 독자들에게 감동을 주는 글이 될 수 없다.

　자서전을 쓸 때는 현미경과 동시에 망원경을 동원해야 한다. 다시 말하면 현미경은 여러 사건 중 두루뭉술하게 나열하는 게 아니라 하나를 집중적으로 파고들어 상세하고도 현장에 있는 것처럼 리얼하게 표현하여 시선을 끌어내야 한다는 뜻이다. 예를 들어 아버지에 대해서 글을 쓸 때는 그의 훌륭한 일대기를 묘사할 게 아니라 내용을 열등분하여 그 중에서 남기고 싶은 몇 개만을 집중해서 쓴다. 망원경은 그러한 사건들을 반복해서 단순 나열하는 데 그치면 별 의미가 없다. 생생한 스토리가 전개되는 가운데 독자들이 읽었을 때 무언가 쿵하고 던져주는 의미나 메시지가 글 안에 숨겨져 있어야 한다는 의미다. 큰 의미가 없다면 최소한 스토리가 재미가 있고 흥미진진하여 눈을 뗄 수 없는 경우여야 좋을 것이다.

자서전은 솔직하고 사실 그대로 써야 한다

요즘 자서전이 흘러 넘칠 정도로 많이 나오고 있는 것은 참으로 좋은 일이다. 그러나 읽히지 않는 자서전은 의미가 없다. 그 대표적인 경우가 정치인들의 자서전이다. 대부분 정치인의 자서전은 자신이 직접 쓰는 경우가 드물다. 독자를 감동시키기 위한 것이 아니라 자신을 과대 포장하여 잘 보이려고 자서전을 쓰는 경우이거나 출판기념회를 통해 정치자금을 모을 목적이다. 때문에 내용이 솔직하지 않고 글에 힘이 들어가 있다. 복싱을 할 때 상대방을 제대로 타격하려면 팔에 힘을 빼야 하는 것처럼 글에도 힘이 들어가면 본래의 맛을 잃고 조미료 맛만 남게 되어 읽는 재미가 없어진다.

솔직하지 못한 자서전은, 흔히 완벽한 인격자인 체 꾸미고 다니는 인간에게서 우리가 역겨움을 느끼게 되듯 어쩐지 공감할 수 없게 마련이다. 지나친 자랑이나 남에게 무언가 가르치려는 글, 다른 사람에게 완벽하게 보이려고 애쓰는 글은 얼마나 자신감이 없기에 저렇게 안달일까 하는 안타까움마저 불러일으킨다. 자신의 약점이나 상처까지 있는 그대로 토로하면서 진솔하게 쓴 글은 소설이 그렇듯 삶의 진실에 보다 근접하고 있어 읽는 이를 감동시킨다.

영혼이 없는 대필 자서전의 허상

스티브 잡스의 자서전을 쓴 사람은 월터 아이작슨Walter Isaacson이다. 외국에서는 본인이 구술을 하고 전문 작가가 자서전을 대필하여 전문 작가의 이름으로 책이 출간된다. 하지만 우리나라는 그렇지 않다. 누가 보아도 그 사람이 그런 글을 쓸 수 있는 능력이 없는데 버젓이 자기가 쓰지 않은 책에 자신의 이름을 넣는다. 그러면 책을 써 준 사람은 유령이 되고 책에는 책을 썼다고 하는 사람의 영혼이 담겨 있지 않다. 도리어 누가 썼는지 밝혀지면 곤란하기 때문에 대필로 쓴 책의 출판기념회에는 대필작가를 절대 초대하지 않는다.

그런 이유 때문인지 우리나라에서는 미국이나 일본과는 달리 서점가에 자서전 시장이 형성되어 있지 않다. 대부분 자서전을 펴낸 사람의 주변 사람들에게 그 책을 나누어 주고 만다. 자기만족, 자기 현시를 위한 허례허식적 요식행위에 지나지 않는다. 책을 받은 사람들이 그 책을 실제로 읽을지는 모를 일이다. 그런 책이 무슨 의미가 있겠는가?

신광철 작가는 50권 이상 책을 내면서 십여 명의 자서전을 대필한 경험이 있다. 어느 정도 출세를 했거나 돈을 좀 벌었다는 사람들이 자서전을 쓰겠다고 나서는데, 몇 차례 인터뷰해 보면 그 사람들의 인생에는 폼 나는 무언가 특별한 게 없다고 한다. 그러다 보니 자서전을 쓰겠다는 사람도 시들해지고 작가는 작가대로 영혼을 파는 작업을 하는 것만 같다고 말한다. 그래서 신 작가는 자서전 대필 작업을 더 이상 하지 않는다.

자서전은 자기가 직접 써야 한다. 훌륭한 자서전이란 저자가 온 정성과 진정한 마음을 담아 진실하고 솔직하고 직접 써서 만든 것에 그 의미가 있다고 할 수 있다. 설령 서점에서 아무도 사주지 않았다 해도 책을 쓴 사람이 그 책에 자신의 열정과 진심을 담아내고자 했다면 세상에 나온 것만으로도 그 책은 세상 무엇과도 바꿀 수 없는 최고의 자서전이 될 수 있다.

왜 대부분의 작가 지망생이 좌절하고 마는가

앞에서 살펴보았지만 SNS시대를 맞이해서 일반인들도 글을 많이 쓰는 시대가 되었다. 특히 자기 분야에서 10년 이상 노하우를 쌓은 사람은 자기 자신의 업무능력이나 업적, 작업 노하우를 다른 사람들에게 알려주고 싶어서 책을 쓰고 싶어 한다.

변호사, 법무사, 노무사, 변리사, 회계사 등 소위 '사'자가 붙은 전문직 종사자들, 또 자신의 분야에서 내공이 쌓인 장인匠人들도 책쓰기에 유리하다. 다년간에 걸친 자기만의 많은 체험과 독특한 고객 사례가 있어서 소재가 풍부한 편이다. 소재가 풍부한 그런 분들은 세상에 전할 메시지도 많다. 노익장을 과시하는 노년층들은 은퇴를 하고 나서 자신의 인생을 정리하고 싶어 한다.

"내가 살아온 인생 경험을 소설로 쓰면 몇 권이 나온다."

헌데 야심을 갖고 책쓰기 작업을 시작한 사람들은 일단 마음뿐이고 90% 이상이 그 작업을 마무리하지 못한다. 초보작가들은 처음엔 세상을 깜짝 놀라게 할 아이디어가 있다고 용기 충만해서 달려든다. 책의 제목도 이것저것 생각하고, 목차도 짜며 머리말도 쓰지만 안타깝게도 대부분 오래 가지 못하고 좌절한다.

처음 책을 쓰는 사람은 자기의 것이 남들 것보다 무척 크다고 생각한다. 그것을 책이라는 거대한 그릇에 담고 보면 아무것도 아닌 것처럼 보이거나 남들의 것과 비슷해 보이기 십상이다. 주관적 관점에서 보면 크게 보이던 주제와 콘셉트가 객관적 관점과 만나 작아지는 굴절 현상 때문이다. 또 하나 아이디어가 아무리 좋더라도 그 아이디어를 책이라는 거대한 그릇에 풀어내서 요리할 능력이 없기 때문이다.

그때 초보작가들이 겪게 되는 것이 '막막함'이다. 그것은 방법을 몰라서 그렇다. 시니어들은 눈이 침침해지고 타이핑 속도는 점점 떨어진다. 기억력은 자꾸만 떨어지니 메모를 하지 않으면 금방 잊어버리기도 한다. 전문작가와 달리 일반인들에게 있어 책쓰기는 자기가 하고 있는 무언가를 포기하는 용기와 도전정신이 없이는 불가능한 일인지도 모른다.

여기서 '디지털책쓰기코칭협회'가 쉬운 방법을 제시한다. 최근의 IT 기술은 사람이 스마트폰에 대고 말을 하거나 스마트폰으로 책자나 인쇄물의 필요한 부분을 사진 찍으면 타이핑 없이 문서로 작성해주고, 그렇게 문서로 작성된 것을 차분한 디지털 목소리로 읽어준다.

넘쳐나는 온갖 인터넷 자료들, 동영상들 중 필요한 것을 스마트폰에 대고 찾으라고 지시하면 바로 찾아서 그 중 내가 원하는 부분만 복사하여 재사용할 수 있다. 스마트폰은 화면이 작지만 그 화면을 그대로 PC모니터보다 훨씬 큰 TV로 시청하며 교정도 가능하다. 번역의 기능이 대폭 강화되어 이제 300쪽에 달하는 책 한 권의 번역 초벌도 단시간에 끝난다. 그 번역 품질은 믿기 어려울 정도로 훌륭하며 구글 번역기는 104가지 언어로 통역은 물론 순식간에 번역을 해준다.

이제 당신은 목소리로 글을 쓰는 방법을 터득하면 된다. 스마트폰에 대고 줄줄이 이야기하면 글이 되기 때문에 설령 글을 써보지 않은 왕초보라도 마음만 먹으면 얼마든지 가능하다. 스마트폰만으로도 웬만한 것을 스스로 해낼 수 있기 때문에 녹음 같은 절차가 별도로 필요 없다. 말로만 해도 책을 쓸 수 있고 타이핑 없이도 글을 쓸 수 있다.

여기에 소개되는 스마트폰에 공짜 앱 기술들을 활용하면 이를 상당 부분 말하기로 대체하고 장시간 책상 앞에 앉아 있어야 하는 신체적 고통에서 해방될 수 있다. 실제로 이 책을 완성하는 데 이러한 기술들을 적용하여 책을 쓰다 보니 컴퓨터로 타이핑한 작업의 경우보다 1/3로 시간을 단축한 것 같다. 말만 해도 글이 되고 이미지를 찍기만 해도 글이 되는 세상이다 보니 마음만 먹으면 누구나 도전해 볼만하다.

책쓰기 전문학교나 학원은 어떨까

"내 명함 안에 무엇을 담을 것인가."

요즘 퍼스널 브랜딩이라는 말이 유행한다. 나를 하나의 브랜드로 만들자는 캐치프레이즈다. 그것에 가장 적합한 것이 책을 내는 일이며 그때부터 그 책이 큰 명함 역할을 한다. 필자 역시 책을 '고급 명함', '큰 명함'이라고 얘기하고 싶다. 책을 내는 순간 나에게는 책이 바로 명함이다. 이 명함은 내가 스스로 만들어낸 것이다.

살아오면서 터득한 자신만의 콘텐츠가 있다면 누구나 책을 쓸 수 있다. 적어도 책쓰기는 답답한 현실을 타개하고 나를 위로해 줄 수 있고, 자신의 영혼을 정제할 수 있는 기회를 가져다 준다. 책을 써내고 작가가 됨으로써 때로 시시해 보였던 당신의 인생에 밝은 불이 켜질 것이다.

시니어들은 은퇴로 인생이 저무는 것이 아니라 그동안의 삶과 전문 지식을 책이라는 매체에 쏟아부음으로써 삶의 또 다른 불을 켜게 되는 것이다. 작가가 됨으로써 여러분은 다른 세상을 만날 수 있다. 자신만의 책을 써낼 수 있다면 운명을 바꿀 수 있다.

그런데 문제는 어떻게 책을 쓰느냐이다. 이 책을 쓰는 과정에서 또 하나의 새로운 사실을 발견했다. 최근 책쓰기나 글쓰기를 가르치는 학원이나 모임이 우후죽순처럼 늘어나고 있다는 점이다. 요즘은 기업이나 단체뿐만 아니라 학교에서도 책쓰기 코칭 프로그램을 운영하며 학생 저자 양성에도 힘쓰고 있다.

여기서 조심해야 할 부분이 있다. 책쓰기 강좌를 열어서 수백만 원씩 받는 양심없는 비즈니스를 하는 사람들이 많다. "100% 출간 보장" 책 쓰는 비법을 가르쳐 준다는 광고다. 경험이 없는 사람도 6주만 수업을 들으면 책을 내고 베스트셀러 작가가 될 수 있다고 뻥을 치기도 한다.

"책을 써본 경험이 없는데 6주 공부해서 가능한가요?"

"물론이죠, 부족한 부분이 있으면 개별 코치도, 충분히 할 수 있을 때까지 계속해 드리거든요. 출판까지 보장됩니다."

작가가 되고 싶은 사람들을 겨냥한 일종의 과외인데, 수강료가 1천만 원을 넘는 경우도 있다. 1일 워크숍은 비용이 40만 원이고, 12주 책쓰기 과정은 자그마치 1천 2백만 원이다. 그 돈 들인다고 해서 과연 책을 낼 수 있을까?

모집 안내문과는 달리 일방적인 강의만 몇 차례 있었을 뿐 체계적인 지도는 받지 못했다고 입을 모은다. 수강생들은 허위 광고에 사기를 당했다며 강사를 경찰에 고발한 경우도 심상치 않게 일어나고 있다.

책을 석 달 만에 쓸 수 있다고 하는 것은 공장에서 상품을 찍어내는 것과 똑같다고 볼 수 있는데 결국, 출판시장의 질을 저하시키는 결과를 가져올 수밖에 없다. 더구나 계약서를 쓰지 않고 현금으로 수강료를 낼 경우, 약속과 다르다는 이유로 환불이나 보상을 받기 어렵다. 허황된 목표를 약속하는 고액 글쓰기 과외에 빨간 불이 켜지고 있으니 주의가 필요하다.

코칭을 통한 책쓰기, 대필과 무엇이 다른가

필자는 지난 20여 년간 대기업보다는 주로 중소기업을 대상으로 인사제도 구축과 인재양성 관련 컨설팅 사업을 해왔다. 처음 10년간은 소위 외국기업들이 하고 있는 컨설팅을 하면서 보고서를 써주고 떠나는 방식으로 진행했다.

그러나 중소기업의 경우 두꺼운 보고서는 현장에서 거의 시행되지 못하고 그야말로 어려운 숙제장만 던진 채 알아서 해보라는 식인지라 효과가 없었다. 그래서 우리나라에서는 처음으로 인사교육 관련 코칭이라는 방식으로 바꾸어 진행했다. 그 효과는 컨설팅과는 비교가 되지 않을 정도로 달랐다.

즉, 제도 구축은 외부 사람의 힘이 아니라 결국 사내에서 자체적으로 해야 하기 때문에 내부 사람들이 자기상황에 맞게 스스로 결정하고 방법을 모색하는 것이 맞다. 그래서 사람들이 보고서만 멋지게 써주기 보다는 진단을 통해 과제를 선정하고, 추진 일정을 잡아 스스로가 하나하나 진행할 수 있게 외부의 전문가가 도와주는 방식의 코칭으로 바꾼 것이다. 책쓰기도 결국 자기가 고민하고 기획하고 스스로

가 직접 쓸 수 있도록 코치가 옆에서 도와주는 역할만 수행하는 방식이다.

이와 같이 '디지털책쓰기코칭협회'는 기존 책쓰기 학원이나 코칭 방식과는 차별화된 방법을 제시한다. 그 중의 하나가 스마트폰에 제공되는 앱이나 IT 기술을 접목하여 진행하는 점이다. 이는 기존방식과 차별화되고 새로운 방식의 코칭이다.

3장에 소개되는 스마트폰 공짜 앱 기술들을 활용하면 이를 상당 부문 말하기로 대체할 수 있고, 장시간 책상 앞에 앉아 있어야 하는 신체적 고통에서 해방될 수 있다. 실제로 이 책을 완성하는 데 이러한 기술들을 적용하여 책을 쓰다 보니 컴퓨터 타이핑 작업의 경우보다 1/3 이상 작업시간을 단축할 수 있다. 말만 해도 글이 되고 이미지를 찍기만 해도 글이 되는 세상이며, 왕초보 시니어들도 코치와 함께 진행하기 때문에 마음만 먹으면 누구나 도전해 볼만하다.

이제 당신은 목소리로 글을 쓰는 방법을 터득하면 된다. 스마트폰에 대고 줄줄이 이야기하면 글이 되기 때문에 설령 글을 써보지 않은 왕초보라도 의지만 있다면 얼마든지 가능하다. 스마트폰만으로도 웬만한 것을 스스로 해낼 수 있기 때문에 녹음 같은 절차가 별도로 필요 없다.

여기서 중요한 것은 코치의 역할이다. 앞에서 언급한 기술을 가진 코치들이 자신의 경험이나 전문성을 발휘하여 가능한 자력으로 직접 쓸 수 있도록 기획서부터 책이 나올 때까지의 프로세스에서 코치하는 역할이다. 가르치기보다는 철저한 도우미 역할을 한다.

코치는 해당 출판사에 소속되어 활동하되 출판기획서부터 책이 발간되어 세상에 나올 때까지 원스톱 서비스를 수행하는 것을 원칙으로 한다. 코치는 책을 써본 경험을 가진 작가들이 활동하게 되는데 기본적으로 경력이나 전문성에 따라 다음과 같이 구분하며 분야별 혹은 경력별로 풀을 구성하여 저자의 수준에 맞게 선정하여 운영하게 된다.

① 주니어 코치: 기자, 작가 활동 10년 이상, 책 1권 이상 출간
② 시니어 코치: 책쓰기 코칭 경력 3년, 책 5권 이상 출간
③ 마스터 코치: 책쓰기 코칭 경력 10년, 책 10권 이상 출간

따라서 출판사의 경우도 분야별 특성이 있고 강점이 다른 바 분야별로 구분하여 복수의 출판사를 풀pool로 운영한다. 출판사와 코치는 전문서적, 자서전, 수필, 경제경영, 자기계발, 종교 등 다양한 분야로 구분하여 복수로 지정되어 운영하기 때문에 저자가 필요에 맞게 임의로 선택할 수 있도록 하고 있다.

개별 코칭 유형을 굳이 나누어 본다면 다음 표와 같이 세 가지로 나눌 수 있다.

유형	코칭 과정의 특징	코칭 방법	기간
A형	자서전이나 전문서적을 출간하기 위해 상당 부분 원고나 자료 등 사전 원고 준비가 되어 있어서 약간의 코치 도움만 필요한 경우	책자 원고가 거의 완성되어 가벼운 윤문, 편집, 본문 및 표지 디자인 등 출간 프로세스 중심의 코칭을 통해 단기간 내에 출판 가능하도록 연결	3개월
B형	출간을 위한 준비가 되어 있으나 상당 부분 내용 자료를 추가하거나 보완이 필요하여 전문코치 등 외부의 도움이 필요한 경우	완성되지 않은 원고, 메모나 일기 등 글을 써놓은 경우 전문작가들의 코칭을 통해 완성된 글로 수정 및 보완해서 글쓰기 중심의 코칭을 통해 최종 출판과 연계 추진	6개월
C형	자서전, 자기계발서, 전문서적 등을 꼭 내려고 계획하고 있으나 준비가 안 되어 있거나 컴퓨터 활용이 자유롭지 않아 외부의 도움이 절대적으로 필요한 경우	출간기획서부터 목차를 정하고 본문에 이르기까지 왕초보 수준의 저자가 스마트폰을 활용하여 최종 출판될 때까지 전 과정 코칭	12개월

스마트폰으로 책쓰기 코칭의 놀라운 효과

필자의 친구 중에 시골 출신이지만 열정적으로 세상을 살다 보니 꽤 잘나가고 있던 사람이 있었다. 삼성에서도 남들보다 일찍 임원이 되고 일본 대기업의 한국 사장을 하면서 최초의 외국인 등기임원으로 활동하기까지 하고 있었다. 친구는 그동안 살아온 인생에 자식과 후배들한테 남기고 싶은 이야기가 있다고 하면서 자서전을 내고 싶다는 제안을 하였다. 그래서 잘 아는 출판사와 3천만 원에 계약을 하고 녹취를 통한 대필을 통해서 책을 내기로 했다.

글을 직접 써본 일도 없고 늘 바쁜 친구인지라 젊은 작가가 녹음기를 가지고 일주일에 한두 번씩 만나서 녹음을 했다. 계속 녹취를 통해서 글을 정리한 후 본인에게 확인 절차를 거치며 보완해 나갔다. 이 친구가 바쁘다 보니 자꾸 일정은 지연되고 바쁜 와중에 녹취를 하려니 스토리가 제대로 전달되지 않아 수정사항이 많아졌다.

글이 본인 의도와 다르게 나오기도 하여 마음에 들지 않으니 재차 녹취를 해가며 겨우겨우 책을 만들어 나갔다. 그런데 2년여 세월이 지나가는 사이에 그 친구가 갑자기 암에 걸려 돌연 세상을 하직하고 말았다. 결국은 이 책이 나올 수 없는 상황이었다. 그래도 착한 딸이 부친의 유고집으로 책을 완성해 세상에 나오게 되었다.

만일 그 책을 만들 때 녹취라는 절차를 거치지 않고 스마트폰 기술을 활용하여 곧바로 썼더라면 최소한 기간을 1/3 이상 단축하고 경비도 대폭 낮출 수 있었을 것이다. 무엇보다도 책이 세상에 나왔지만 본인이 직접 쓰지 않았다는 사실과 그가 살아온 일대기 중심인지라 좀더 의미 있고 감동적인 책이 될 수 없었다는 점이 못내 아쉬웠다. 결국 그 책은 출간 뒤 아는 지인들에게 전부 무상으로 나누어 주고 말았다. 그 책을 몇 사람이 끝까지 읽었는지는 알 수 없었다.

반대로 필자가 아는 또 다른 76세 K전무는 글을 써본 일이 전혀 없었다. 그는 대필 자서전을 생각했지만 필자의 제의에 따라 본인이 직접 글쓰기 공부도 하고 2년에 걸쳐 글 쓰는 노력을 해서 책을 완성했다. 50년 동안의 경험을 본인이 직접 쓰다 보니 이야기 하나하나가 생동감을 가지며 의미가 있고 더구나 딸, 아들, 사위 그리고 손자, 손녀까지 가족 전체가 참여하는 책으로 발전하면서 훌륭한 가족 문집이 탄생해 빛을 보았다. 참으로 의미 있는 일이다. 이분은 지금도 디지털책쓰기 1대학에 다니면서 다음 책을 또 직접 쓰고자 준비 중이다.

또 한 분은 85세에 자비로 책을 2천여 권 찍어 내겠다고 하던 분이었다. 출판에 몇 천만 원이 드느냐고 필자한테 물어봤을 때 직접 하라고 말씀을 드렸다. 그 뒤 용기를 내 직접 쓰기로 작정했다. 먼저 스마트폰 책쓰기 교육을 서너 번 듣고 스마트폰을 통해 글을 계속해서 쓰고 다듬어 1차 원고를 끝내고 세상에 책이 나왔다. 이 분은 대필이 아니라 직접 책쓰기에 도전하니 스스로가 신이 나고 글쓰는 맛을 알게 되었다. 또 직접 보완을 할 수 있으니 갈수록 내용이 좋아지고 있었다. 본인이 해냈다는 자부심은 물론 내용이 더 좋아져 출판사에서 정식 출판을 해 시중에 팔기로 작전을 변경했다.

두 분의 사례를 볼 때 본인이 직접 쓰면 내용이 충실해지는 것은 물론 2~3천여만 원의 경비를 쓰지 않고도 출판이 가능해진다는 사실을 알 수 있다. 대필로 써 주는 것보다는 전문가가 옆에서 가이드를 해주고 방법을 코칭하면서 직접 쓰도록 하는 방법이 책쓰기 코칭의 핵심이다. 그런 의미에서 책쓰기 코칭을 통해 책을 쓰면 어떤 이점이 있을까?

첫째로 책의 콘텐츠가 충실해지며 내용도 단단해진다. 직접 쓰기 때문에 스토리가 사실에 가깝고 흥미있게 전개된다. 내용이 계속 좋아지면서 출판사도 같이 노력하여 상품 가치가 몰라보게 올라간다. 대필의 경우와는 비교가 되지 않는다.

둘째, 상품 가치가 높아져 시중 판매가 가능하다. 자비 출판의 경우 출판사들이 어차피 받은 돈이라 단지 윤문 정도의 작업만 해주고 인쇄하는 경우가 많다. 또 책이 나와도 지인들에게 나누어 주고 끝내게 된다. 반면 저자와 출판사가 함께 정성을 들인 책은 그 품질이나 내용이 확 달라져 상품 가치가 높아지므로 시중 판매도 가능하다.

셋째, 삶의 새로운 활력소가 생긴다. 직접 책을 쓰는 일에는 상당한 노력이 필요하다. 자료도 찾아봐야 하고 여러 고민도 해야 하기 때문에 시간이 무척 잘 간다. 그러다 보니 시니어들의 정신 건강도 좋아지고 주말에 시간을 효율적으로 사용하게 되어 일상의 활력이 돋아난다.

넷째, 계속 노력한다면 생각보다 좋은 책이 되어 베스트셀러가 될 수도 있다. 좋은 책은 신문이나 잡지에서 홍보도 해준다. 이 경우에 책이 히트를 치고, 널리 알려지면 강의로도 연결될 수 있다. 또한 방송출연의 기회도 생길 수 있어 몸값이 올라갈 수도 있다.

다섯째, 스마트폰 앱을 활용하고 스마트 워크를 통해 언택트 방식으로 공유문서나 줌, 행아웃같은 앱을 활용하여 진행한다면 소요되는 시간이나 경비를 대폭 줄일 수 있다.

마지막으로 가장 중요한 점은 대필의 경우 그 책으로 끝이지만 본인이 책을 직접 쓴 분은 반드시 다음 책을 내기 위해서 다시 도전을 할 것이라는 사실이다.

따라서 대필에 의존해 책을 쓰기보다는 전문가의 코칭을 통해서 출판사와 합작으로 책이 나올 때까지 노력한다면 출판사나 작가 그리고 저자에게도 가치 있고 의미 있는 일이다. 대필을 하지 않고 책쓰기 코칭을 통해 자신의 책을 직접 출간하는 일이야말로 지금까지의 자서전 출판에서는 볼 수 없는 새로운 장이 열린 셈이다.

TIP! 시니어들의 복음 '디지털 책쓰기 강좌'

"이번 교육은 시니어들에게 그야말로 복음과 같았습니다."

"금번 교육은 가성비와 옥탄가 높은 공부 너무 고맙습니다."

"시니어들에게 여명의 밝음을 주었는데 천만 시니어들이 다 들었으면 좋겠습니다."

시니어들을 대상으로 2018년 초에 '스마트폰으로 책쓰기' 과정을 처음 개설하여 교육을 마친 후 교육생들이 보내준 소감들이다. 사실 그 당시에 시니어들을 위한 스마트폰으로 책·글쓰기 과정은 2~3회 정도에서 끝날 것으로 생각했다. 왜냐하면 스마트폰으로 책이나 글을 쓴다는 사실을 아무도 믿어주지 않아 교육생 모집이 지속적으로 가능하지 않았기 때문이다.

그런데 예상하지 않았던 일이 벌어졌다. 교육을 받고 난 분들이 입소문으로 다른 분들에게 과정을 추천해 주기 시작했다. 그야말로 '고객에 의한 고객 개발'인 셈이 되었다. '말로만 해도 찍기만 해도 글이 된다'는 사실에 모두들 놀라고 왕초보들도 책쓰기에 도전할 수 있는 용기와 희망을 주는 계기가 되었기 때문이다. 지금은 챗GPT 과정을 넣어서 하루에 책 한 권 끝내기로 운영하면서 2024년 5월 62회차를 진행할 정도로 장수 프로그램이 되었다.

"저는 70 평생에 이런 도움되는 감동의 교육은 처음입니다."

5년 전 은퇴하신 모 대학 노교수의 교육 소감이다. 실제로 스마트폰 강의에서 가장 어려운 상대가 교수님들이다. 그런데 이 과정에서 가장 열심히 들어준 분들 중 65세로 교수에서 은퇴하신 총장님들도 여러분 계셨다. 그동안 조교나 남들이 타이핑부터 번역까지 전부 도와주다 손이 묶이니 하고 싶은 일들을 할 수 없었기 때문에 감회가 남달랐던 것 같다. 그 다음으로는 대기업에서 퇴임한 사장과 임원들이다. 역시 이분들도 남들의 도움으로 모든 게 가능했는데 막상 은퇴하고 나서 홀로서기에는 역부족이기 때문이었다. 이제 스마트폰과 더불어 챗GPT라는 똑똑한 비서와 동행을 하는 사람과 그렇지 않은 사람의 삶의 질은 하늘과 땅 차이로 더 벌어질 것이다.

살아서 하는 생전 장례식生前葬

최근 일본에서는 세상을 떠나기 전에 지인들에게 감사를 표하는 이별 행사가 명사들 사이에서 번지고 있다. 프로레슬러로 유명했던 안토니오 이노키猪木寬至는 75세 되던 그 해 10월 쓰모 경기장으로 잘 알려진 료고쿠 체육관에서 세상과의 이별 파티를 했다.

또 건설 장비업체 고마쓰의 안자키 사토루安崎曉 사장도 81세 때 담낭암으로 한시적 삶을 선고받자 '아직 건강할 때 삶에 힘이 되어준 분들에게 감사를 표하고 싶다'며 신문광고를 내고 생애 마지막 파티를 했다.

일찍이 초고령 사회에 접어든 일본에서는 2010년대에 들어서면서 인생을 마무리하는 활동인 이른바 '슈카쓰終活'가 활발해졌다. 새로운 문화 현상은 이미 산업화되어 그 시장 규모가 연간 1조 엔 이상 된다고 한다. 유언장 작성, 연명치료 여부, 장례 절차, 입관 체험, 자산 정리, 생전 장례식 등을 도와주는 전문회사나 변호사도 많다.

종활 박람회도 종종 열린다. 필자는 2023년 8회 박람회를 직접 다녀왔다. 이 박람회는 해마다 열리는 국제적 행사인데 다양한 형태의 장례식이 소개되고 있었다. 일본인들은 죽음 준비를 위한 묘우 동호회墓友會를 만들어 예쁘게 만든 묘지 견학도 다녀오고, 유골을 뿌리는 체험을 하면서 온천을 즐기고 돌아오는 여행도 있다. 우리와 달리 그들은 죽음에 대해 능동적 자세로 대응하고 있었다.

방식은 다르지만 서구에서도 살아서 하는 장례식Free funeral이 이제 흔한 일이 되고 있다. 세계적인 회계법인 KPMG의 CEO 유진 오켈리는 2005년 석 달밖에 살지 못한다는 의사의 선고를 받았다. 그의 나이 53세에 불과했다. 죽음을 받아들이기 힘들었지만 뇌종양 진단을 '축복'으로 생각하기로 했다. 그는 마지막 100일을 의미 있게 계획했다. 이 모든 과정을 꼼꼼히 글로 남겼다. 이렇게 해서 나온 책이 2006년 발간된 《인생이 내게 준 선물》이다. 그의 '임종 매뉴얼'이었던 셈이다.

살아서 하는 '생전 장례식'이 우리나라에서도 벌써 시작되었다. 생전 장례식을 연 서길수 전 서경대 교수는 2009년 정년퇴직 후 강원도 산사에 들어가 3년간 죽음을 공부했다. 그는 '죽음이란 익은 과일이 떨어지는 것'이라며 "제 장례식에 초대합니다"라는 문구의 희한한 부고訃告를 보냈다. 제목이 '살아서 하는 장례식과 출판기념회'였다.

담낭암 말기 판정을 받은 내과의사 출신의 캐나다 교포 이재락 박사는 당시 83세였다. 그는 느닷없이 캐나다 토론토의 〈한국일보〉에 공개편지를 보냈다. 제목은 '나의 장례식'이었다.

"죽어서 하는 장례는 아무 의미가 없다. 살아서 더운 밥 같이 나누자."

그는 거동도 하고, 말도 하고, 몸이 덜 아플 때 지인들과 친지를 모시고 멋진 곳에서 좋아하는 음식을 먹으며 지금까지 살아온 삶의 끝

마무리를 하고 싶었다고 한다. 이를 장례식이라 해도 좋고, 마지막 작별인사 모임이라 불러도 좋다고 하면서 와인을 곁들인 사전 장례식 잔치를 멋지게 진행했다.

출판기념회로 한국형 생전 이별식을

2023년 10월, 안양에 있는 '마벨리에'에서 유중희 작가가 '사전고별식'을 치렀다. 고희를 맞이하여 《당신도 바보로군!》이라는 저서를 발간한 유 작가는 '사전고별식'과 출판기념회를 겸해 지인 100여 명이 참석한 가운데 간소하게 치렀다.

유중희 작가는 인사말을 통해 "제가 죽기 전에 오늘이 마지막인 분들도 계시리라 믿습니다"라며 "제가 죽으면 여러분들에게 연락이 가지 않을 것이지만, 49제를 마치고 저의 자식이 '49일 전에 부친이 하늘나라로 여행을 떠났다'고 알려드릴 것입니다"라고 하면서 작별의 인사를 고했다.

한국인은 죽음에 대해 말하기를 꺼려왔다. 타인이나 가족의 죽음을 언급하는 것을 금기시하기 때문에 죽음의 준비도 미흡하다. 게다가 한국인에게 사전 장례식이라는 용어가 정서적으로 맞지 않을 뿐 아니라 가족들의 반대도 있을 수 있다. 하지만 장례문화도 서서히 달라지고 있다. 게다가 코로나19를 계기로 장례문화는 서서히 변화되어 가고 있다.

유중희 작가의 생전 고별식 행사 장면

필자는 '디지털책쓰기코칭협회'를 만들어 작가들과 함께 나이 드신 시니어들의 꿈 중의 하나인 책쓰기를 도와주는 일을 해왔다. 몇 년 동안 70여 분의 책을 내드렸다. 그분들이 책을 받아 들고 한없이 좋아하는 모습에 나도 덩달아 행복감을 느꼈다. 그렇다면 우리도 출간을 기념하는 자리를 '한국형韓國型 사전 장례식이나 이별식' 개념으로 살아 생전 행사로 치른다면 어떨까 하는 생각이 문득 들었다.

그 방법은 이렇다. 우선 자서전이나 평소 자신이 쓰고 싶은 분야의 책을 한 권 쓰는 일이다. 요즘은 시니어들도 컴맹이나 폰맹이라도 누구나 책을 쓸 수 있다. AI의 기능을 가진 스마트폰 앱으로 말만해도 글이 되고, 찍기만 해도 문서가 되기 때문이다. 혹시 책을 쓰는 과정에서 갑자기 말기 암 판정 같은 급박한 경우가 발생하면 '영상 자서전'도 권할 만하다.

누구나 갖길 원하는 소중한 책을 써서 출판기념회를 갖는 것은 가슴

벅찬 일이다. 특히 출판 기념회는 유중희 작가처럼 칠순이나 미수米壽 등을 기념으로 준비하면 더욱 뜻 깊을 것이다. 이때 보고 싶은 사람, 사랑하는 사람, 지인 그리고 해외에 나가 있는 손자 손녀들도 모두 불러보자. 형식이나 장소에 구애받지 말고 원하는 방식으로 마지막 축제이자 세리머니를 치르는 것이다.

그 대신 장례식은 조촐하게 가족장으로 치른다. 행사 장면을 촬영하여 QR코드로 책 속에 넣어도 되고, 돌아가신 후에는 묘비석이나 유골함에 붙이면 유족이나 지인이 들를 때마다 고인의 생전 모습을 생생하게 볼 수도 있다. 인생은 살아있는 것 자체가 축제다. 돈 자랑해 봤자 자신이 쓴 영수증만 내 것일 뿐, 죽고 나면 모든 게 내 것이 아니다. 천상병 시인이 말한 것처럼 삶이란 잠시 '소풍 다녀오는 과정'인지도 모른다.

아프리카 속담에 "노인 한 사람이 죽으면 도서관 하나가 불탄 것과 같다"는 말이 있다. 뜻깊은 출간 기념회가 한국형 사전 장례식으로 자리를 잡게 될 것이다. 그로 인해 우리나라 장례문화에도 큰 변화가 올 것이고, '1인 1책갖기 새마음운동'으로 번져 사회적 기여도 될 수 있으니 일거양득이 아니겠나?

버킷리스트에 책쓰기를 넣고
지금 당장 도전하라

1년에 10가지만 실천하는 버킷리스트를 만들어 보자. 최우선 순위에 책쓰기를 두고 책쓰기에 집중하는 버킷리스트를 시작해 보자. 가령 버킷리스트의 두 번째가 여행이라면 쓰고 싶은 책의 배경이 되는 곳으로 여행을 떠나는 것이다. 어린 시절, 청춘의 시기를 보낸 추억의 고장을 찾아가 푸릇푸릇한 당신의 영혼을 만나보시라.

버킷리스트의 세 번째가 만남이라면 책 속에 등장하는 인물을 만나는 것이다. 옛날에는 친하게 지냈지만 지금은 소원해져 있는 친구, 집안사람들, 학교 때 스승들을 찾아다니며 만남을 갖는 것이다. 그러면 인간관계도 돈독해지고, 자기 책 쓰는 데 집중할 수 있는 여력도 생긴다.

"제가 글쓰기에 소질이 없어서…"

"저는 한 번도 제대로 글을 써본 적이 없습니다."

소문을 듣고 찾아오는 시니어들에게 그럴 때마다 기계적으로 나오는 필자의 첫 대답이다.

"글쓰기와 책쓰기는 다릅니다. 문학적 글이 아닌 책을 쓰시면 됩니다."

필자는 사람들을 만나면 늘 책쓰기를 권유하곤 한다. 처음에는 예외 없이 누구나 손사래를 치며 책쓰기에 부정적인 반응을 보였다. 이런 사람들에게 "책쓰기는 타고난 소질이 아니라 콘텐츠이고 기술이다!"라고 말하면 깜짝 놀란다.

"제가 그 기술을 가르쳐 드릴게요"라고 말하며 접근하다 보면 우선 안도감을 갖기 시작한다. '그렇다면 나도 책쓰기가 가능하단 말이네!'라고 생각한다. 그래서 CEO, 전문가, 직장인 등에게 책쓰기를 권유했고, 실제로 많은 사람들이 책쓰기에 도전해서 실제로 출간했다. 내가 그간 40여 권 이상의 책을 쓰면서 주위에 책쓰기를 권하여 여러 사람들이 책을 냈다. 앞으로도 이러한 활동은 계속 할 예정이다. 이것이 '디지털책쓰기코칭협회'를 잉태하게 된 제일 큰 이유이기도 하다. 그러나 그들 역시 처음에는 한결같이 '내가 어떻게 책을 쓸 수 있느냐'며 태산같이 걱정을 했던 사람들이다.

"책을 쓰는 데 있어서 좋은 점은 깨어 있으면서도 꿈을 꿀 수 있다는 것입니다. 책을 쓸 때는 깨어 있기에 시간, 길이, 모든 것을 결정할 수가 있습니다. 오전에 네 시간이나 다섯 시간을 쓰고 나서 때가 되면 그만 씁니다. 다음 날 계속할 수 있으니까요. 진짜 꿈이라면 그렇게 할 수 없지요."

일본의 유명 작가 무라카미 하루키의 말이다.

그래서 책쓰기는 평생 현역으로 사는 방법 중 하나다. 정년이 없는 직업이 많지 않은데 책쓰기는 자기가 그만두지 않는 한 해고도 없는 평생직업이다. 시작이 반이다. 하지만 이 말은 책쓰기에서는 틀렸다. 물론 시작이 중요하기는 하지만 책쓰기는 마라톤이다. 시작이 반일 수도 있지만 마무리 못하면 아니함만 못하다. 책쓰기는 노동이고 기술이다. 노동 시간을 줄이고 힘든 노동이 아닌 방법을 찾아내는 것이 스마트폰 책쓰기 코칭 수업의 핵심이다.

말하기와 글쓰기는 다르다. 아무리 노련한 사람이라도 준비된 원고 없이 말하기로 입력된 원고가 그대로 책이 되기는 힘들다. 그래서 '디지털책쓰기코칭협회'가 존재한다. 책쓰기는 기술이기 때문에 코칭이 필요하다.

65세가 넘어 명저들을 쓴 피터 드러커

미국의 작가이자 경영학자인 피터 드러커Peter F. Drucker를 모르는 사람은 거의 없다. 그러나 피터 드러커의 저서 2/3는 65세 이후에 저술됐다는 사실은 잘 모른다. 미국 클레어몬트 대학원 '드러커 연구소The Drucker Institute'에는 피터 드러커의 저서 40권을 연대순으로 진열해 놓은 책장이 있다. 왼쪽으로부터 약 1/3 지점에 놓인 책이 그가 65세에 쓴 《보이지 않는 혁명The Unseen Revolution》이다. 그러니까 그의 저서 가운데 2/3는 많은 사람들이 은퇴 연령으로 생각하는 65세 이후에 쓰였다는 얘기다.

그는 오스트리아 빈에서 태어났다. 1931년 독일 프랑크푸르트대학교에서 법학 박사 학위를 취득한 후 1933년 런던으로 이주하여 경영평론가가 됐다. '경영을 발명한 사람'이라는 칭송을 비롯해 현대 경영학의 아버지로 불리는 드러커는 백악관, GE, IBM, 인텔, P&G, 구세군, 적십자, 코카콜라 등 다양한 조직에 근무하는 수많은 리더들에게 직접적으로 영향을 끼쳤다.

40권의 저술들을 통해 20세기 후반에 등장한 새로운 사회 현상들을 예고했는데, 그 중에는 민영화, 분권화, 경제 강국으로서 일본의 등장, 마케팅과 혁신의 결정적 중요성, 정보사회의 등장과 그에 따른 평생학습의 필요성 등이 있다. 또한, 생산과 분배, 생산요소의 변화, 지식근로자의 탄생, 인간의 수명 증가 등을 예측한 선견지명은 일선 경영자들이 기업을 경영하고 자기관리를 하는 데 큰 통찰력을 제공했다. 정년 후에도 클레어몬트 대학원의 교수로 활동했으며, 피터 드러커 비영리 재단의 명예 이사장직을 역임했다. 2002년 드러커는 민간인이 받을 수 있는 미국 최고의 훈장인 대통령 자유메달을 받았다. 2005년 11월, 96세 생일을 며칠 앞두고 타계했다.

사람들이 타계한 이후까지도 드러커를 존경하는 이유는 경영학의 새로운 지평을 연 '현대경영학의 창시자'라는 그의 학문적인 업적도 있지만, 그보다 2005년 11월 11일 만 96세로 생을 마감할 때까지 왕성하게 저술 활동을 하면서 일을 손에 놓지 않고 현역으로 살았다는 점이다.

3장

스마트폰 활용 책쓰기 실전 연습

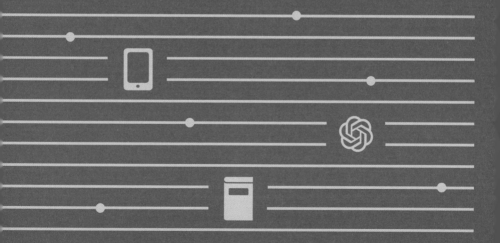

무료 앱을 이용해 말하면 글이 되고 찍으면 활자
가 되며 쓴 글을 읽어주는 삼총사 앱기능을 내 몸
에 장착하면 세상을 활기차게 나는 새가 될 것이다.

스마트폰 활용 책쓰기 3대 기술
STT, ITT, TTS

이번 장에서는 스마트폰의 무료 앱인 삼총사를 활용해 스마트폰을 자유자재로 활용하는 법을 배우기로 하자. 스마트폰을 사용하여 책쓰기를 용이하게 하는 세 가지 중요한 기술을 소개한다. STT Speech-to-Text, ITTImage-to-Text 및 TTSText-to-Speech 기술은 '챗GPT 삼총사'에 비유된다. 특히 디지털 콘텐츠 제작에 대한 접근성을 높이며 서로 결합된 강점을 강조한다. 이를 활용하면 매우 효율적이다. 각 기술을 자세히 살펴보겠다.

STT(음성-텍스트) 변환 기술은 음성을 서면 텍스트로 변환한다. 시력이 좋지 않거나 신체적 제한으로 인해 타이핑이 번거롭고 어려운 사람들이 STT를 사용하면 이야기, 생각 또는 메모를 텍스트 형식으로 원활하게 변환할 수 있다. 사용자가 자신의 장치에 말하기만 하면 기술이 사용자의 말을 텍스트로 변환한다. 이는 즉흥적인 아이디어를 포착하거나 타이핑의 부담 없이 긴 글쓰기 세션을 수행하는 데 특히 유용하다.

ITT(이미지-텍스트) 변환은 광학 문자 인식OCR이라고도 하는 ITT 기술을 활용한다. 이미지에서 인쇄되거나 손으로 쓴 텍스트를 스캔하여 편집 가능한 디지털 텍스트로 변환한다. 이는 책, 잡지 또는 손으로 쓴 메모와 같은 인쇄 자료에서 정보를 수집하는 작성자에게 유용하다. ITT는 스마트폰으로 텍스트 자료의 사진을 찍어 이 콘텐츠를 디지털 원고에 직접 통합함으로써 수동으로 입력하지 않고도 출처, 참고 자료를 이용하거나 다양한 아이디어를 더 쉽게 통합할 수 있도록 돕는다.

TTS(텍스트-음성) 변환 기술은 특히 시력이 제한된 사람들의 서면 작업 교정 및 수정에 필수적이다. 작성된 텍스트를 음성 오디오로 다시 변환하여 작성자가 그 내용을 재생할 수 있도록 한다. 이런 청각적 검토는 시각적으로 읽을 때 놓칠 수 있는 오류를 잡는 데 도움이 될 수 있으며 텍스트에 참여할 수 있는 다양한 감각 모드를 제공하여 편집 프로세스를 향상시킬 수도 있다.

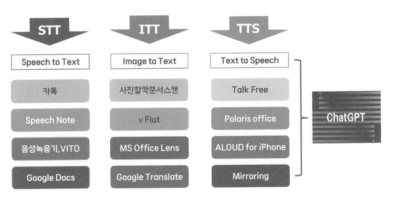

스마트폰 활용 책글쓰기 기본 기술

이런 기술을 통해 사용자는 기존 쓰기 방법과 관련된 물리적 한계를 극복할 수 있다. 사용자가 말하기, 사진 찍기, 듣기 사이를 자유자재로 전환하여 콘텐츠를 만들고 다듬을 수 있다. 글쓰기 과정에 보다쉽게 접근할 수 있을 뿐만 아니라 더욱 역동적이다. 이런 기술을 통합한 무료 앱을 사용하면 개인, 특히 시니어들이 기술적 또는 물리적 장벽에 대한 두려움 없이 계속해서 창의적으로 자신을 표현하고 의사소통 독립성을 유지하는 데 크게 도움이 될 수 있다.

스마트폰 활용 책쓰기 삼총사를 잘 익히면 그 무엇도 두렵지 않을것이다. 나이가 들면 눈도 침침하고 독수리 타법에서 벗어나기 힘들다. 무료 앱을 이용해 말하면 글이 되고 찍으면 활자가 되며 쓴 글을읽어주는 삼총사 앱기능을 내 몸에 장착한다면 세상을 활기차게 나는 새가 될 것이다.

말로 문서 작성하기-STT

말로 카톡 보내기, 스피치노트, 노트북에서 말로 하기 등을 배우면 굳이 텍스트를 입력하지 않고도 말로 문서를 작성할 수 있다. 일기 등 하루 일과를 정리하는 경우에도 스마트폰의 '스피치노트Speech Notes'라는 앱을 활용해 말을 하면 그것이 글이 되어 저장할 수 있다. 또한 다른 사람에게 전달해 만나지 않고도 책쓰기 작업이 가능해진다. 필자에게 스마트폰 교육을 배운 85세 되신 어르신이 책쓰기를 간절히 원해 '디지털책쓰기코칭협회' 코치 작가 한 분과 연계해 책쓰기 작업을 하고 있다. 그분은 일기조차 쓴 적이 없지만 자신의 글쓰기를 말로 해 텍스트화 함으로써 가능한 일이다.

음성을 문자화 하기

스마트폰을 사용하여 음성을 텍스트로 변환하는 과정에는 STT Speech-to-Text라는 기술이 사용된다. 이 도구는 음성 입력을 통해 직접 연설, 회의 또는 책 초안을 기록하려는 사람들에게 매우 중요하다. STT 기술은 인공지능AI과 딥 러닝 알고리즘을 사용하여 음성 언어를 분석하고 서면 텍스트로 변환한다. 방대한 양의 음성 언어 데이터 세트를 학습하여 다양한 악센트, 방언 및 언어를 이해하고 처리할 수 있다.

초보자는 STT 사용을 시작할 때 기술에 익숙하지 않아 어려움을 겪는 경우가 많다. 그러나 다른 기술과 마찬가지로 숙련도는 연습을 통해 향상된다. 초기 좌절로 인해 낙담하지 않는 것이 중요하다.

최신 STT 시스템에는 사용자의 음성 패턴과 단어의 문맥 분석을 기반으로 적응하는 자체 개선 알고리즘이 장착되어 있다. 예를 들어 이 기술은 밤낮의 '밤'과 먹는 '밤', 그리고 신문 '기사'와 바둑에서의 '기사' 같이 상황에 따라 동음이의어를 구별하여 시간이 지남에 따라 정확도를 향상시킬 수 있다.

개인 이름이나 지명과 같은 고유명사는 종종 STT 시스템에 문제를 제기한다. 문맥만으로는 적절하게 수정되지 않을 수 있으므로 화자가 정확성을 보장하기 위해 명확하게 표현해야 한다. 인식 정확도를 높이려면 분명하고 적당한 속도로 말하는 연습을 하시라. 이는 STT가 일반적으로 잘못 해석하는 문구에 특히 중요하다.

사용 중인 특정 STT 앱이나 소프트웨어를 숙지하라. 일부에는 특정 용어나 고유 명사를 더 잘 인식하도록 맞춤화할 수 있는 사용자 정의 어휘 목록과 같은 기능이 있을 수 있다. 상황별 단서를 활용하는 방식으로 문장을 구조화하여 시스템을 돕는다. 이를 통해 동음어 및 문맥 의존적 해석의 정확성을 향상시킬 수 있다.

STT를 정기적으로 사용하면 기술에 대한 기술이 향상될 뿐만 아니라 시스템이 음성 및 말하기 패턴을 학습하고 적응하는 데 도움이 되

STT: 말로 카톡 입력하기

1. 입력을 위해 키보드가 나타난 상태의 윗부분에 마이크를 선택(자판이 한글로 되어야 함)
2. 음성 인식 준비가 되어있는 상태로 시작(인터넷 접속이 되어 있어야 함)
3. 마이크가 꺼진 상태로 이곳을 누르면 다시 마이크가 활성화 됨

STT: 음성으로 메시지 보내기

1. 문자 메세지의 경우도 위의 방법과 거의 동일한 원리로 진행함
2. 말은 천천히 그리고 정확히 해야 하며 이름 등 고유명사의 경우 또박또박 발음해야 함
3. 문장부호가 찍히지 않으므로 본인이 추가할 필요가 있음
4. 음성인식은 AI가 딥 러닝(Deep learning)을 하기 때문에 계속 반복하면 정확도가 급격히 좋아짐

어 전반적인 정확성이 향상된다. 이러한 측면을 이해하고 기술에 적극적으로 참여하자. 사용자는 STT의 힘을 효과적으로 활용하여 음성 언어를 서면 텍스트로 변환하고 디지털 콘텐츠 생성에 보다 쉽게 접근하여 효율적으로 만들 수 있다. 개인적인 용도, 전문 회의 또는 창의적인 글쓰기 등 STT는 음성과 텍스트 사이의 격차를 해소할 수 있는 강력한 도구를 제공한다.

디지털 시대에 음성을 텍스트로 변환하는 기술은 전통적인 타이핑이나 글쓰기에 익숙하지 않은 모든 연령층에게 여러 가능성을 열어준다. 예를 들어 책을 쓰겠다는 꿈을 이루기 위해 현대 기술을 받아들인 75세 노인의 이야기를 생각해 보시라. 이는 개인이 의사소통하고 생각을 정리하며 책과 같은 광범위한 문서를 구두로 작성하는 데 도움이 되는 음성 텍스트 애플리케이션을 사용하여 달성된다. 여기에서는 음성 텍스트 기술을 효과적으로 활용하는 방법에 대한 실용적인 가이드를 간략하게 설명하겠다.

'구글 어시스턴트' 이용해 말로 명령하기

구글 어시스턴트Google Assistant는 사용자가 음성 명령을 통해 장치와 상호 작용할 수 있도록 하여 삶을 더 쉽게 만들 수 있게 설계된 강력한 도구다. 이 기술은 약속을 예약하거나, 알림을 설정하거나, 스마트 홈 기기를 제어하는 등 간단한 음성 명령만으로도 여러 작업을 간소화하는 데 도움을 줄 수 있다. 구글 어시스턴트를 통해 음성 명령을 효과적으로 사용하는 방법을 자세히 살펴보면 다음과 같다.

구글 어시스턴트 이용해 말로 명령하기 1

대부분의 안드로이드 기기에서는 "헤이, 구글Hey, Google" 또는 "오케이 구글OK Google"이라고 말하거나 스마트폰 하단 중앙에 있는 홈버튼을 길게 눌러 구글 어시스턴트를 활성화할 수 있다. 화면의 지시에 따라 구글 어시스턴트가 사용자의 음성을 인식하도록 훈련시킨다.

예를 들어 "타이머를 30분으로 설정해 줘"라고 말하거나 "오늘 날씨는 어때?"라고 물어보시라. 날씨에 대해 질문한 후 "내일은 어때?"라고 후속 조치를 취할 수 있다. "오후 3시에 아내에게 전화하라고 알려 줘" 또는 "다음 주 금요일 오후 2시에 내 팀과의 회의를 캘린더에 추가해 줘"라고 말한다.

집에 조명이나 온도 조절기 등 스마트 기기가 있는 경우 "거실 조명 켜 줘" 또는 "온도 조절기 72도로 설정해 줘"와 같은 명령으로 제어할 수 있다. "오늘 환율은 얼마?", "재즈 음악 틀어 줘" 또는 "내가 좋아하는 팟캐스트의 최신 에피소드 재생해 줘"라고 말하여 구글 어시스턴트에게 음악, 동영상, 팟캐스트를 재생하도록 명령하시라.

구글 어시스턴트는 사용자가 기기와 상호작용하는 방식을 변화시켜 다양한 작업을 수행할 수 있도록 해준다. 자연스러운 음성을 이해하고 처리하는 기능을 통해 다른 사람과 마찬가지로 장치와 통신할 수 있으므로 기술에 대한 접근성과 편의성이 더욱 높아진다. 음성 인식 기술이 지속적으로 향상됨에 따라 일상 생활에서 구글 어시스턴트의 잠재적인 용도가 더욱 확대되어 디지털 세계에서 점점 더 귀중한 도구가 될 것이다.

음성을 텍스트화 해주는 기적의 스피치노트

우선 필요에 맞는 음성-텍스트 변환 앱을 선택해야 한다. 일반적인 목적으로는 구글독스의 구글 음성 입력이나 '스피치노트' 같은 앱이 탁월한 선택이다. 앱을 사용하기 위해서 고품질 마이크가 장착되어 있는지 확인하라. 이는 스마트폰에 내장된 마이크일 수도 있고 컴퓨터에 연결된 외부 마이크일 수도 있다. 정확한 녹음을 위해서는 선명한 오디오 입력이 중요하다.

그리고 나서 일단 명령을 지시할 조용한 공간을 찾아야 한다. 배경 소음은 음성 인식 소프트웨어의 정확성을 방해할 수 있다. 스마트폰을 사용한다면 '스피치노트'와 같은 앱이 모바일에 최적화되어 있어 이동 중에도 받아쓰기가 가능하다.

'스피치노트'는 편의성, 효율성 및 접근성 측면에서 사용자에게 상당한 이점을 제공하는 강력한 음성-텍스트 응용 프로그램이다. 이 앱은 음성을 캡처하여 서면 텍스트로 변환하도록 설계되었다. 이는 회의 중 빠른 메모 작성부터 이동 중에 전체 문서 받아쓰기까지 다양한 목적에 매우 유용할 수 있다.

음성 메모를 사용하면 사용자는 입력하는 것보다 훨씬 빠르게 텍스트를 받아쓸 수 있다. 이는 특히 빠르게 입력할 수 없거나 입력이 번거로운 사용자의 경우 생산성을 크게 향상시킬 수 있다. 사용자는 장치에 대고 말하기만 하면 자신의 생각과 토론을 실시간으로 정확하게 서면으로 생성할 수 있다.

이 앱은 전통적인 글쓰기를 어렵게 만드는 난독증이나 기타 학습 장애가 있는 사람들에게도 도움이 된다. 짧은 시간 후에 듣기가 중단될 수 있는 다른 음성-텍스트 응용 프로그램과 달리 음성 메모는 긴 받아쓰기 세션을 위해 설계되었다. 따라서 강의, 인터뷰를 녹음하거나 중단 없이 책의 장을 받아쓰는 데 이상적이다. 사용자는 앱을 열자마자 받아쓰기를 시작할 수 있으므로 기술에 능숙하지 않은 사람도 쉽게 접근할 수 있다.

음성 메모는 글로벌 사용자 기반에 맞춰 여러 언어를 지원한다. 이 다국어 기능은 영어가 아닌 사용자가 모국어로 앱을 효과적으로 활용할 수 있도록 해주기 때문에 매우 중요하다. 최신 업데이트를 기준으로 음성 메모는 스페인어, 중국어, 힌디어, 아랍어, 포르투갈어 및 많은 유럽 언어와 같은 주요 세계 언어를 포함하여 60개 이상의 언어로 텍스트를 인식하고 기록할 수 있다. 이러한 광범위한 언어 지원은 전 세계의 다양한 인구통계학적 사용자가 접근할 수 있도록 해준다.

사용자는 녹음 내용을 앱 내에 직접 저장하거나 텍스트 파일이나 문서 등 다른 형식으로 내보낼 수 있다. 스피치노트는 속도, 편의성 및

구글 어시스턴트 이용해 말로 명령하기 2

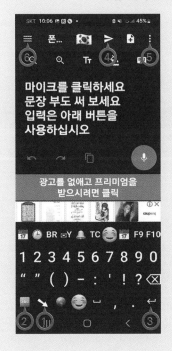

① 번은 말을 텍스트로 변환시킨 다음 누르면 역삼각형으로 변함. 텍스트로 변환된 내용을 수정을 할 때 사용

② 번은 자판(키보드)이라서 입력된 내용을 수정할 때 사용

③ 번은 꺾쇄로 문장 단락을 바꿀 때 사용

④ 번은 완성된 텍스트를 공유할 때 사용

⑤ 번은 저장이나 메모 이름을 바꿀 때, 메모 삭제, 언어 전환, 문장 부호-키보드 보이기를 할 때 사용

⑥ 번은 새 메모, 메모 열기, 현재 메모의 보내기, 저장, 삭제, PDF로 인쇄/내보내기가 있음. 프리미엄으로 업그레이드, 환경설정, 앱 공유하기 등이 있음

접근성 측면에서 상당한 이점을 제공하는 다재다능하고 사용자 친화적인 음성 텍스트 변환 앱으로 돋보인다.

다양한 언어에 대한 지원은 전 세계 사용자의 매력을 더욱 높여 노트 및 문서 작성 프로세스를 간소화하려는 모든 사람에게 실용적인 도구가 된다. 학생이든, 전문가든 글쓰기에 도움이 필요한 사람이든, 음성 메모는 각자의 요구에 적응하고 생산성을 향상시킬 수 있다.

수집한 외국어 자료 즉석 '구글 번역'

'구글 번역'은 다국어 세계를 탐색하려는 모든 사람에게 강력하고 필수적인 도구이다. 텍스트, 음성, 이미지 및 문서 번역 기능의 조합과 사용자 친화적인 디자인 및 광범위한 언어 지원이 결합된다. 이는 개인, 교육 및 전문 커뮤니케이션을 위한 귀중한 리소스가 된다. 새로운 언어를 배우거나, 외국으로 여행을 가거나, 국제 비즈니스를 수행하려는 경우 구글 번역을 사용하면 의사소통 격차를 빠르고 효과적으로 해소할 수 있다.

구글 번역은 100개 이상의 언어를 지원하는 포괄적인 번역 도구 중 하나다. 영어, 스페인어, 표준 중국어와 같이 널리 사용되는 언어부터 아이슬란드어, 줄루어와 같이 덜 일반적으로 사용되는 언어에 이르기까지 이러한 광범위한 언어를 통해 전 세계 인구의 대다수가 언어 장벽을 극복하기 위한 도구로 사용할 수 있다.

일단 한 번에 실행할 수 있는 번역은 책 한 권 분량도 뚝딱 처리할 정도로 번역의 속도는 매우 빠르다. 일단 서류 번역이 끝나면 다음 그림에 나타난 것과 같이 스피커 아이콘을 누르면 음성으로 읽어 준다. 번역된 자료의 분량이 많을 경우는 시간이 조금 걸린다.

구글 번역기는 긴 문장의 번역도 매우 뛰어나다. 공유 기능이 있어 '토크프리'에도 전송할 수 있다. 글자를 크게 보기 위해서는 전체 화면 기능을 활용할 수 있다. 구글 번역기는 뒤에 설명할 '오피스 렌즈' 처럼 사진을 찍으면 바로 문자화해 주고 그 문자화된 것을 기초로 원하는 언어로 번역까지 해준다.

문서 번역(구글 번역) 1

문서 번역(구글 번역) 2

구글 번역을 사용하면 사용자는 한 언어로 텍스트를 입력하고 다른 언어로 번역을 받을 수 있다. 이는 빠른 단어나 구문 번역부터 긴 단락에 이르기까지 모든 작업에 유용하다.

사용자는 기기에 직접 말할 수 있으며 구글 번역은 원하는 언어로 오디오 번역을 제공한다. 이는 대화 환경이나 빠른 음성 번역이 필요할 때 특히 도움이 된다. 이 기능을 사용하면 서로 다른 언어를 사용하는 두 명의 사용자가 원활하게 의사소통할 수 있다. 구글 번역은 양쪽 대화를 실시간으로 듣고 번역하여 거의 원활한 대화를 촉진한다.

또한 해당 앱을 통해 기기의 카메라를 사용하여 한 가지 언어로 된 텍스트를 읽고 번역 내용을 화면에 표시할 수 있다. 이는 여행 중에 도로 표지판, 메뉴 및 기타 서면 자료를 번역하는 데 활용할 수 있다. 사용자는 기기의 터치스크린에 손가락으로 문자나 글자를 그릴 수 있으며, 구글 번역이 이를 원하는 언어로 번역한다.

구글 번역은 플랫폼에 업로드할 수 있는 전체 문서의 번역을 지원한다. 원본 형식을 최대한 유지하므로 공식 문서나 대용량 파일을 번역하는 데 유용한 도구다.

이 앱은 다양한 언어에 대한 오프라인 번역 기능을 제공한다. 이는 인터넷 접속이 제한된 지역을 여행할 때 특히 유용하다.

원하는 부분만 스캔할 수 있는 '오피스 렌즈'

오피스 렌즈Office Lens는 마이크로소프트에서 개발한 매우 효과적인 스캐닝 앱이다. 사용자가 화이트보드와 문서의 이미지를 캡처하고, 다듬기, 향상 및 읽기 쉬운 이미지로 만들 수 있도록 설계되었다. 이

문서 사진 촬영하여 번역(구글 번역)

모두 선택을 누르거나 손가락으로 필요한 부분을 지정해
네모 모양으로 선택하면 번역 가능

음성으로 동시 통역

1. 연필, 마이크 아이콘 선택 후 말이나 텍스트로 입력하면 번역되어 보여줌
2. 대화 버튼을 선택하면 동시통역 모드를 시작할 수 있음
3. 마이크 아이콘을 선택하면 선택한 2가지 언어의 말을 듣고 번역해 줌
4. 처음하는 상대에게 설명할 수 있는 화면 자료를 보여주고 진행할 수 있음

앱은 학생, 전문가 및 회의, 강의 또는 일상 생활의 메모를 디지털화해야 하는 모든 사람에게 특히 유용하다.

오피스 렌즈를 사용하면 사용자는 모바일 장치를 사용하여 화이트보드, 문서, 명함 또는 영수증의 사진을 찍을 수 있다. 문서의 가장자리를 자동으로 감지하여 정확한 자르기가 가능하다. 앱은 캡처된 이미지를 자동으로 자르고 정리하여 기울어진 각도 및 그림자와 같은 문제를 수정한다. 텍스트를 최대한 읽기 쉽게 만들기 위해 이미지를 향상시키며 이는 조명이 어두운 환경에서도 가능하다.

오피스 렌즈에는 특정 콘텐츠 유형에 맞게 조정된 여러 모드가 포함되어 있다. 눈부심과 그림자를 줄여 마커의 가시성과 화이트보드 쓰기를 향상한다. 인쇄된 문서를 향상시키고 선명하게 하여 텍스트를 명확하고 읽기 쉽게 만든다.

찍은 사진 표면이 평평하게 캡처되지 않은 경우 곡선을 스마트하게 조정한다. 오피스 렌즈는 이미지를 찍어서 텍스트로 변환하여 마이크로소프트 원드라이브One Drive에 바로 저장하는 기능을 가지고 있다. 오피스 렌즈의 ITT 기능은 편리한 점이 있지만 여기서는 '사진찰칵 문서스캔' 앱과 'V 플랫' 앱으로 대체하여 생략한다.

정밀한 스캐닝을 위한 기술

원하는 영역만 스캔할 수 있도록 오피스 렌즈가 사용하는 기본 기술은 가장자리 감지 기능이다. 작동 방식은 다음과 같다. 오피스 렌즈를 열고 스캔하려는 문서나 영역을 카메라로 향하게 한다. 앱은 카메라의 뷰파인더를 사용하여 실시간 미리보기를 표시한다. 앱이 문서의

오피스 렌즈: 원하는 부분만 스캔 1

오피스 렌즈: 원하는 부분만 스캔 2

1. 제목을 붙이고 갤러리에 저장하여 필요 시 언제든지 꺼내서 활용 가능
2. 저장 기능은 갤러리 외에도 원드라이브나 파워포인트 등에 자동 저장
   하여 활용이 가능함(이 경우 MS와 동기화 필요함)
3. 책자나 신문 잡지의 그림을 필요한 부분만 촬영하여 책쓰기에 활용하
   면 아주 편리함

가장자리를 자동으로 인식한다. 사용자는 원하는 영역만 선택될 때까지 모서리 점을 드래그하여 가장자리를 수동으로 조정할 수 있다.

영역이 정해지면 사진을 찍는다. 그러면 앱이 이미지를 처리하여 선택한 영역 밖의 모든 항목을 잘라내고 개선 사항을 적용하여 가독성을 높인다. 오피스 렌즈는 처음 사용하는 사용자도 직관적으로 사용할 수 있는 간단한 인터페이스로 설계되었다. 이미지 캡처는 사진을 찍는 것만큼 간단하며 자동 조정 기능을 통해 수동 편집의 필요성이 줄어든다.

또한 다양한 소스에서 작성된 콘텐츠를 캡쳐하고 디지털화하는 프로세스를 간소화하는 강력한 도구다. 선택적 영역 스캐닝을 허용하는 지능형 이미징 기술은 종이 문서를 고품질 디지털 형식으로 신속하게 변환하려는 모든 사람에게 없어서는 안 될 도구다. 메모를 작성하는 학생, 영수증을 디지털화하는 비즈니스 전문가, 중요한 서류 작업을 추적해야 하는 사람 등 오피스 렌즈는 편리하고 휴대 가능한 솔루션을 제공한다.

이미지를 텍스트화 하기-ITT

찍으면 글이 되는 '사진찰칵 문서스캔'

'사진찰칵 문서스캔' 앱은 문서를 빠르고 효율적으로 디지털화 하는 애플리케이션이다. 고급 광학 문자 인식OCR 기술을 사용하여 이미지를 편집 가능한 텍스트로 변환한다. 따라서 학생, 전문가 및 문서 정리 및 보관이 필요한 모든 사람에게 귀중한 자산이 될 수 있다.

이 앱을 사용하면 종이 문서를 디지털 텍스트로 변환할 수 있다. 이는 실제 문서보다 더 편리하게 편집, 검색 및 저장할 수 있게 하고 영수증, 송장, 계약서, 개인 메모 등 중요한 서류를 추적하는 데 특히 유용하다. 문서를 텍스트로 직접 변환함으로써 사용자는 문서 내용을 수동으로 입력하는 것에 비해 상당한 시간을 절약할 수 있다. 이러한 효율성은 대량의 서류 작업을 처리하는 전문가에게 매우 중요하다.

또한 디지털화된 문서를 쉽게 공유, 복사, 백업할 수 있으므로 어디에서나 중요한 정보에 쉽게 접근할 수 있다. 원격으로 작업하는 팀이나 다양한 장치에서 노트에 접속해야 하는 학생에게 특히 유용하다. 더불어 실제 종이에 대한 의존도를 줄이면 종이 생산, 사용, 폐기

ITT: 사진찰칵 문서스캔-이미지를 텍스트화

  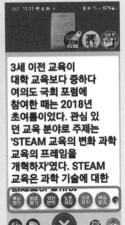

1. 인쇄물이 선택되어 있어야 함
2. 스캔하고자 하는 부분을 안내선 내에 위치시킴
3. '촬영' 버튼을 누름
4. 처리하고자 하는 부분을 '격자'속에 넣음
5. '문자추출' 버튼을 이용해서 처리함
6. 처리된 자료를 후속 처리할 수 있는 다양한 기능이 제공됨
   (문장에 포함된 한자는 지원되지 않음)

와 관련된 환경 영향을 줄이는 데도 도움이 된다. 따라서 '사진찰칵 문서스캔' 앱을 사용하여 문서를 디지털화하면 보다 지속 가능한 문서 관리 방식에 기여할 뿐만 아니라 요즘 환경운동 중 하나인 ESG 운동에도 동참하는 예가 될 수 있다. 이 앱의 OCR 기술은 매우 정확하여 디지털화 과정에서 오류를 최소화하고 텍스트 출력이 원본에 최대한 가깝도록 보장한다. 이런 정확성은 원본 문서의 무결성을 유지하는 데 매우 중요하다.

책을 디지털 문서로 만들기 – 이미지를 텍스트로, 'V 플랫'

V 플랫V Flat 앱은 고급 스캐닝 및 텍스트 인식 기술을 사용하여 책과 문서의 디지털화를 용이하게 하도록 설계된 전문 모바일 애플리케이션이다. 이 앱은 학생, 연구원, 사서 및 실제 책을 디지털 형식으로 빠르고 정확하게 변환해야 하는 사람에게 도움이 된다.

이 앱은 독특한 이미지 처리 기술을 사용하여 제본된 책의 한 면을 촬영할 때 발생하는 곡선과 왜곡을 자동으로 교정한다. 이렇게 하면 스캔한 면이 최대한 평평하고 읽기 쉬워진다. 또한 책의 한 면의 모든 세부 사항을 캡처하는 고해상도 스캔을 제공하므로 텍스트와 상세한 이미지 또는 그래프 모두에 적합하다.

스캔 후 앱은 OCR 기술을 사용하여 이미지를 텍스트로 변환할 수 있다. 이 텍스트는 편집 가능하며 다양한 디지털 형식으로 사용할 수 있어 메모 작성, 연구 및 접근성을 위한 유용성이 향상된다. V 플랫을 사용하면 여러 면을 빠르게 스캔할 수 있어 책 전체를 디지털화하는 프로세스 속도가 크게 빨라진다.

이 앱의 장점은 스캔할 때 책의 안쪽 여백에 자주 나타나는 그림자를 효과적으로 제거하여 명확하고 일관된 텍스트 가시성을 보장한다는 점이다. 스캔한 문서를 PDF 및 텍스트 파일을 포함한 여러 형식으로 내보낼 수 있으므로 디지털 작업 공간에 쉽게 통합하고 공유할 수 있다.

V 플랫으로 책을 스캔하는 단계별 과정

스마트폰 기기의 앱 스토어에서 V 플랫 앱을 다운로드해 설치한다.

앱을 열고 카메라 접근 등 필요한 권한을 부여해 준다. 책을 편평하고 조명이 밝은 표면에 놓는다. 자연광이 이상적이지만 가능하지 않은 경우 그림자가 생기지 않도록 해당 지역을 고르게 조명한다.

V 플랫 앱을 열고 스캔 옵션을 선택한다. 스캔하려는 쪽 바로 위에 장치를 갖다 댄다. 앱이 자동으로 쪽 테두리를 감지한다. 셔터 버튼을 누르면 원하는 쪽을 캡처할 수 있다. 앱의 편평화 기술은 곡률 및 조명 문제를 자동으로 수정한다.

그리고 캡처된 이미지를 화면에서 검토한다. 필요한 경우 자르기 또는 방향을 수동으로 조정하여 모든 텍스트가 표시되고 올바르게 정렬되도록 할 수 있다. 이어서 필요한 모든 면을 계속 스캔한다. V 플랫의 일괄 스캔 모드를 사용하면 연속 면을 빠르게 캡처할 수 있다.

모든 면이 스캔되면 OCR 기능을 적용하여 이미지를 편집 가능한 텍스트로 변환한다. OCR의 정확도는 다양할 수 있으므로 불일치 사항을 교정하고 수정해야 할 수도 있다. OCR 적용 후 텍스트를 앱 내에서 직접 편집하거나 저장하여 모든 면을 하나의 문서로 정리할 수 있다. PDF 또는 텍스트 파일과 같이 원하는 출력 파일 형식을 선택한다. 문서에 이름을 지정하고 장치나 클라우드에서 저장 위치를 선택한다.

저장한 후에는 이메일, 클라우드 스토리지 또는 기타 협업 플랫폼을 통해 디지털 문서를 공유할 수 있다. 문서가 개인적인 용도로 사용되는 경우 쉽게 접근할 수 있도록 디지털 라이브러리에 정리한다.

V 플랫 앱은 책을 디지털화하는 번거로운 작업을 빠르고 간단한 프로세스로 바꿔준다. 고급 이미징 및 텍스트 인식 기능을 통해 실제 책

V 플랫: 책을 문서로 만들기(스캔, 텍스트 인식, 텍스트 만들기) 1

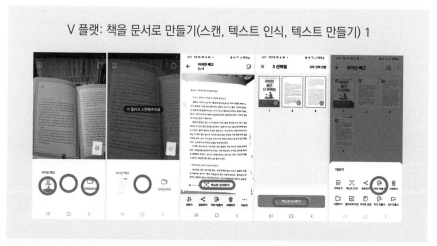

V 플랫: 책을 문서로 만들기(텍스트 만들기, 파일열기, 자료관리) 2

을 디지털 형식으로 효율적으로 변환하려는 모든 사람에게 필수적인 도구다. 학술 연구, 개인 보관, 전문 문서 등 V 플랫은 실용적이고 사용자 친화적인 솔루션을 제공한다.

작성된 글을
어디서나 듣고 수정하기-TTS

텍스트를 소리로 읽어주는 '토크프리'

'토크프리TalkFree'는 TTSText-to-Speech 기술을 활용한 스마트폰 앱이다. TTS 기술은 서면 텍스트를 음성 출력으로 변환하도록 설계되었으며 이는 다양한 사용자 및 사용 사례에 매우 유용할 수 있다. TTS는 디지털 텍스트를 소리내어 읽어주는 일종의 보조 기술이다. 시각 장애가 있거나 읽기에 어려움이 있는 사람들을 돕는 것부터 텍스트를 읽을 수 없는 환경에서 들을 수 있는 콘텐츠를 제공하는 것까지 다양한 애플리케이션에 사용된다

'토크프리'를 사용하면 운전, 운동, 집안일 등 다른 활동을 하면서 콘텐츠를 들을 수 있어 바쁜 생활 속에서도 보다 쉽게 정보를 소비할 수 있다. 청각적으로 더 잘 이해하는 학습자에게 이 앱은 정보를 이해하고 유지하는 능력을 향상시키는 교육 도구 역할을 할 수 있다. 비원어민의 경우 대상 언어로 작성된 텍스트를 들으면 발음 및 듣기 이해력을 포함한 언어 능력이 향상될 수 있다.

TTS: 토크프리-텍스트를 음성으로 듣기

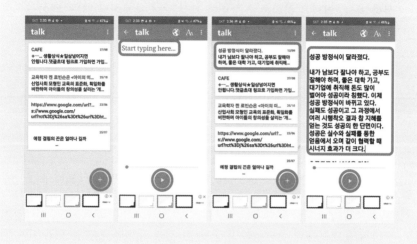

이 앱을 사용하려면 일반적으로 앱에 텍스트를 입력해야 한다. 텍스트를 입력하고 복사하여 붙여넣거나 지원되는 경우 다른 앱과 통합하여 이를 수행할 수 있다. 일부 버전에서는 웹 페이지, PDF 또는 기타 문서의 텍스트를 앱에서 직접 선택하여 즉시 읽을 수 있다.

텍스트를 입력한 후 '말하기' 버튼을 누르면 앱이 텍스트를 소리내어 읽어주기 시작한다. 일반적으로 재생 중에는 필요에 따라 읽기 속도를 조정하거나 일시 중지 또는 중지할 수 있다. 발음도 제법 정확하고 여성의 목소리로 읽어 준다. 숫자나 기호 같은 것은 약간 어눌하게 읽고 우리말 문장에 영어가 들어있는 경우 약간은 어색하게 들린다.

앱에 문서를 복사하여 붙이면 초기 화면으로 자동 저장해 준다. 음성 크기나 높낮이, 속도를 조절하거나 삭제할 수 있다. 71가지 언어로 읽어 주는데 언어의 순서가 가나다 순이 아니고 영어 알파벳 순이다.

토크프리의 이러한 기능을 활용하여 앞서 배웠던 오피스 렌즈로 작성한 자료, 검색을 하다가 스크랩한 자료, 카카오톡이나 밴드, 페이스북 등 각종 SNS를 통해 얻게 된 자료, 강연을 듣다가 퍼온 자료들 중에서 자료로서 확실하게 관리해야 할 자료들은 물론 구글 문서로 옮겨서 적절한 폴더에 저장한다.

그러한 자료들 중에서도 당장 들어서 이해해야 할 내용이나 아니면 자료의 중요도에 따라 정리해 놓을 필요가 있는 자료인지의 여부를 판단하기 위한 목적으로 즉시 복사하여 가장 먼저 토크프리로 옮겨 놓는다. 지나고 나면 잊어버리기 때문이다.

아직도 대부분의 출판사들이 출판 전 최종 교정용 원본을 PDF 파일로 사용하고 있다. 이런 PDF 파일도 스마트폰에 '폴라리스 오피스' 앱을 다운받아 교정 대상 PDF 파일을 폴라리스 오피스로 열면 원문 모두를 읽어준다. 굳이 원본을 마이크로소프트 워드나 구글 문서로 변환하여 원문을 모두 복사한 후 다시 토크프리로 붙여 넣기하여 읽게 하는 번거로움을 없애 주는 훌륭한 기능이다.

폴라리스 오피스로 연 PDF 문서 화면 우측 하단에 위치한 상향 화살표를 누른 다음 나타나는 메뉴들 제일 밑으로 계속 올려 주면 마지막에 '읽어주기' 메뉴가 나타난다. '읽어주기'를 선택한 후 '모두 읽기'를 선택하면 처음부터 끝까지 문서를 읽어 준다.

TTS: 토크프리-텍스트를 음성으로 듣기 추가 기능

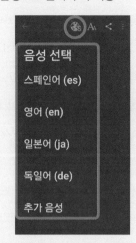

'TV나 모니터를 보며 교정'하기, 몇 배의 효과일까

이제까지 설명한 것을 기초로 책·글쓰기와 관련하여 스마트폰에서 수많은 기능들을 더 효과적으로 활용할 수 있다. 하지만 아직은 약간의 불편함도 있다. 액정 화면의 크기와 문자를 입력할 때 자판의 크기가 PC보다 작다는 점이다. 물론 자판 크기의 문제는 요즈음 양손 엄지손가락이 보이지 않을 정도로 빠르게 입력하고 있는 MZ세대들에게는 그리 불편한 점이 아니지만 말이다.

이 점 역시 스마트폰에는 훨씬 더 효과가 높은 기능을 사용할 수 있게 되어 있다. 바로 스마트폰의 화면을 미러링하여 TV, 모니터나 빔 프로젝터로 볼 수 있는 기능이다. 책을 읽는 것보다는 귀로 듣는 것의 효과가 더 좋고, 듣기만 하는 것보다는 읽으면서 듣는 것의 효과가 훨씬 더 좋다. 300여 쪽의 책을 정독하는 것보다 잘 구성된 30분짜리 동영상을 보면서 듣는 것이 효과 면에서 더 크다고 한다. 300여 쪽의 책을 정독하려면 최소한 5시간가량은 걸린다. 따라서 들으면서 읽는 것의 효과는 최소한 10배 이상이 된다는 말이다. 더구나 TV의 화면이 일반적으로 PC에서 사용하고 있는 모니터 화면의 크기보다 훨씬 크기 때문에 그 효과나 편안함이 더욱 높다.

스마트TV 소유자는 스마트폰의 화면을 스마트TV로 바로 미러링 Mirroring하여 볼 수 있다. 물론 PC의 모니터에도 연결하여 미러링해서 볼 수 있다. 요즈음 스마트폰은 손가락으로 화면 상단으로부터 아래로 밀어 내리면 와이파이 켜기, 스마트폰 소리 조정, 현재 위치 설정, 블루투스 켜기 등의 아이콘들이 나타난다.

그 중에는 스마트뷰Smart View 기능이 있다. 스마트TV에서 스마트뷰 기능을 열어 놓은 다음 스마트폰의 스마트뷰 기능을 켜고 조금만 기다리면 스마트폰의 화면이 TV에 나타난다. 그러면 스마트폰에서 자신이 조작하는 대로 스마트폰의 화면을 TV에서 시청할 수 있다.

혹시나 자기가 보유하고 있는 TV가 스마트TV가 아니라도 걱정할 필요 없다. 이 경우 TV의 뒷면에서 HDMI 단자가 있는지를 찾아보라. 인터넷 TV나 케이블 TV를 구독하고 있다면 일반적으로 그 TV선 옆에 이 단자가 하나 더 있다. 만일 TV 뒷면에 HDMI 단자가 있다면 '무선 MHL 동글'이라고 부르는 부품을 사서 그 HDMI 단자에 꽂으면 스마트TV와 같은 기능을 그대로 활용할 수 있다.

무선 MHL 동글은 인터넷 쇼핑몰을 통해 3만 원 정도 주면 살 수 있다. 단지 스마트TV가 없어 이런 동글을 사용하게 되면 동영상과 같이 데이터 양이 큰 것들을 미러링할 때는 아주 간혹 끊김 현상이 나오는

작성된 문서를 대형 모니터로 보기

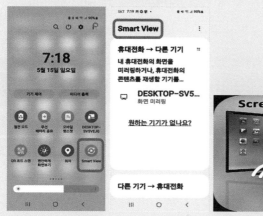

- 스마트 기능이 있는 TV라면 미러링 가능
- 일반 모니터(TV)에는 동글(ST045)을 추가 설치함
- 홈화면 상단을 두 번 쓸어 내림 – 스마트뷰 선택
  * (주의) 동일한 네트워크에 스마트폰과 TV 연결

단점은 있다. 그러나 일반 문서와 같은 것은 10m까지의 거리 내에서 가동할 때는 문제없다.

요즘에는 아주 쓰기 편한 유선 동글USB-C타입케이블이 많이 나와 있어서 이걸 휴대하고 다니면 언제 어디서나 손쉽게 스마트폰과 연결하여 사용할 수 있다.

통상 스마트TV는 일반 TV에 비해 훨씬 비싼데 굳이 이 기능을 활용하기 위해서 별도로 비싼 새 스마트TV를 살 필요가 없다는 말이다. 요즈음 스마트폰에서는 인터넷 TV나 케이블 TV에 비교도 안 되는 정도의 다양한 동영상들을 서비스하고 있다. 특히 유튜브나 TED, 각종 영화들은 모두 이와 같은 방법으로 TV로 시청할 수 있다.

이 동글은 해외여행을 할 때 필수 준비물 중의 하나이기도 하다. 스마트폰에서 볼 수 있는 영상을 숙박지에서의 TV로 볼 수 있다는 즐거움이 그 여행의 즐거움을 배가시킬 수 있기 때문이다. 여행 중 그날 스마트폰으로 찍은 동영상이나 사진도 모두 TV에 미러링해서 바로 본다. 한국에서의 뉴스도 바로 연결해서 보고, 보고 싶은 드라마도 바로 본다. 이렇듯 여러 방면으로 활용할 수 있다.

여러분들이 앞으로는 언제, 어디서나 스마트폰으로 수집한 자료를 읽고 들을 수 있다는 사실을 알게 되었을 것이다. 이제 '책·글쓰기에 관한 한 스마트 시대에 접어들었구나'라는 것을 이해했으리라 본다. 왕초보들도 이제는 이 책자에 소개된 방식을 잘 활용하고 생활화하면 단기간 내에 자신이 쓰고자 하는 책이나 글을 쓸 수 있다.

스마트 워킹으로 책쓰기 구글 드라이브 활용법

구글 앱 활용의 기본인 '지메일' 등록하기

STT를 가장 효과적으로 활용하는 방법은 관련되는 구글 앱들을 통합하여 활용하는 방법이다. 구글 앱들을 활용하기 위해서는 우선 지메일gmail 등록이 필요하다. 구글의 지메일은 구글이 제공하는 모든 앱들을 통합하여 활용하기 위한 플랫폼이다. 따라서 독자가 지메일을 활용하지 않더라도 구글의 지메일 계정을 제일 먼저 등록해야 한다. 만일 현재 지메일을 사용하고 있다거나 또는 지메일 계정을 가지고 있다면 새로 등록할 필요가 없다.

'구글 지메일 주소록' 작성

구글 문서를 공유하기 위해서는 구글 주소록을 미리 작성해 두어야 한다. 구글 앱스를 통해 자주 교류해야 하는 사람들을 위한 지메일 주소와 전화번호는 구글 주소록으로 별도 관리하는 것이 편리하다. 구글 주소록은 스마트폰 앱에서도 관리할 수 있지만 구글 드라이브 PC 버전에서 관리하는 방법을 배우도록 하자. 명칭, 회사명, 회사 주소,

구글 드라이브 주소록 1

구글 드라이브 주소록 2

이메일, 전화 번호 등 관련되는 모든 내용을 기재하고 지속적으로 업데이트하게 되면 다른 구글 앱들과 연동될 뿐 아니라 다른 모바일 앱들과도 동기화할 수 있다.

대부분의 한국 사람들은 구글 주소록과 지메일 대신 다른 주소록과 이메일을 활용하고 있다. 구글 앱들의 플랫폼은 지메일 기반이기 때문에 모든 구글 앱을 활용하기 위해서는 자료를 서로 공유하고자 하는 사람들의 지메일 주소를 파악하여 구글 주소록에 미리 기재해 두어야만 효과적으로 활용할 수 있다. 구글 주소록을 새롭게 사용하거나 추가하는 경우 구글 드라이브 PC 버전에서 왼쪽의 이미지와 같은 방법으로 시행하면 된다.

구글 주소록은 현재 여러분이 사용하고 있는 다른 주소록과 동기화될 수 있다. 잘못하면 기존 주소록에 기록해 두었던 중요한 정보를 업데이트해 버릴 수도 있어 조심해야 한다. 그래서 구글 주소록이 아닌 다른 주소록을 위주로 활용해야 할 경우에는 다음 방법을 추천한다.

구글 주소록에는 이름과 지메일 주소만을 기타로 분류하여 입력한다. 기존 주소록의 다른 내용들은 그대로 두고 지메일 주소만 기타로 분류된 상태로 추가된다. 기존 주소록에 저장되어 있는 다른 정보에는 영향을 미치지 않으면서 기타 구글 앱들을 효과적으로 활용할 수 있다. 만일 기존 주소록에 이미 기타로 분류된 다른 이메일 주소가 있다면 그 이메일 주소는 지메일 주소로 갱신되고 말 것이다. 그러나 그런 경우는 거의 발생하지 않을 것이다.

언제 어디서나 음성이나 타이핑으로 입력하는 즉시 클라우드에 저장

새로운 아이디어는 긴 시간 명상을 한 다음 마음을 정제하고 나서 얻어지는 것일까, 아니면 갑자기 어느 순간에 떠오르는 것일까? 당연히 어느 순간 갑자기 떠오르는 것이다. 문제는 생각날 때마다 적어 놓을 방법이 마땅치 않았기 때문에 무언가 생각을 정리하려고 책상 앞에 앉으면 아무 생각도 나지 않는다. 그런 생각들이 자기 머리를 스치는 순간 즉시 옮겨 놓지 않으면 대체로 잊어버리기 때문이다.

이제는 스마트폰만 있으면 언제 어디서나 일할 수 있는 스마트한 시대다. 한적한 길을 산책하거나, 산행 중이거나 혹은 지하철이나 버스를 타거나, 해변에 있거나, 친구들과 식사를 함께 하거나 TV프로그램을 시청하던 중에 갑자기 책·글쓰기 원고를 작성하는 데 필요하다고 생각하는 부분이 발견되거나 생각날 때가 있다.

특히 친구나 기타 다른 사람과 대화할 때나 어떤 책자를 읽다가도 원고 쓰는 데 도움이 되는 부분을 갑자기 발견하는 경우가 많다. 그 생각이나 발상이 원고 작성에 있어 없어서는 안 될 중요한 키가 되는 경우도 있다. 그 즉시 옮겨 놓지 않아 자료를 얻을 기회를 놓친다면 얼마나 안타까운 일인가?

이제는 걱정할 필요가 없다. 갑자기 좋은 아이디어가 생각나면 즉시 스마트폰 자체의 기본 기능인 노트를 열어 카톡 메세지를 말로 입력하여 보내듯이 그 아이디어를 바로 말로 입력하여 적절한 제목을 단 다음 저장해 놓으면 된다. 나이 든 사람들은 특히 독수리 타법이라 평상시 불가능에 가까웠던 일들을 이젠 쉽게 활용할 수 있다. 앞으로 설명하겠지만 만일 책·글쓰기에 참고할 만한 문서를 발견하면 즉시 그 문서 이미지를 사진으로 찍어 놓더라도 바로 문자화된다.

아주 시끄러운 장소에서 말로 입력한 것이 아니라면 말을 하여 문자화된 결과의 품질이 쓸 만하다. 시끄러운 환경에서 말로 입력해 문자화된 결과물은 품질이 조금은 떨어지더라도 우리말을 제법 잘 하는 한 미국인과 대화할 때 느끼는 정도이다. 나중에 그 입력된 문구를 보면 좀 틀린 부분이 있더라도 무슨 내용인지 다 이해할 수 있다.

시끄러운 장소에서 입력할 경우 가장 좋은 방법은 음성으로 문자화된 문자들 중 일부 잘못된 부분을 그 즉석에서 조금은 불편하더라

말로 문서 작성 및 편집(컴퓨터에서 시작)

1. 스마트폰에서 작업한 계정과 동일한지 확인
2. 메뉴(바둑판 모양)을 누르면 프로그램이 나타남
3. '문서' 아이콘을 선택함

말로 문서 작성 및 편집(스마트폰 작성)

1. 마이크가 켜진 상태에서 말로 글을 작성
2. 말을 중단하면 마이크가 꺼짐(배터리 절약). 마이크 모양을 눌러 다시 켠 뒤 말로 입력
3. 마이크 끄기
4. '제목없는 문서'로 된 자료의 이름을 변경
5. 문서의 이름을 입력 후 '확인'
6. 문서 이름이 변경된 것을 확인

도 엄지손가락을 이용하여 독수리 타법으로 고치는 방법이다. 중요한 점은 아이디어가 생각날 때마다 즉시 기록해 두기에 거의 놓치지 않는다는 점이다. 이는 원고의 품질을 높이는 데 중요한 요소가 된다.

　이러한 방법 덕분에 예전과 달리 책자 기획이나 자료 수집이 매우 수월해졌을 뿐 아니라 그 수집된 자료를 정리하고 책자에 옮기기 위해 끊임없이 타이핑했던 피곤함에서 해방될 수 있다.

스마트폰에서 작업한 것을 PC에서 이어 작업하기

　이제까지 여러분들은 스마트폰에서 구글 드라이브를 활용하여 구글 독스문서를 활용하는 법을 배웠다. 이제까지는 왕초보들도 문제없이 쉽게 이해하고 활용할 수 있다. 아무리 많은 작업을 스마트폰으로 해 놓았다 할지라도 책·글쓰기를 마무리하기 위해서는 역시 일부 타이핑이 필요하고 타이핑을 위해서는 PC나 노트북을 활용하는 것이 훨씬 더 신속하고 편리하다.

　스마트폰에서 작업한 것을 PC에서 이어 작업하기 위해서는 PC에 구글 크롬을 다운받으면 된다. 다음 그림은 구글 크롬을 PC에 다운로드 받는 방법을 설명하고 있다. 따라해 보길 바란다.

1. 구글 크롬이 PC에 깔려 있지 않다면 네이버나 다음의 검색창에 '구글 크롬 다운로드'라고 입력한 다음 설명에 따라 구글 크롬을 다운받는다.

2. 구글 검색창에서 구글 드라이브라고 입력하면 바로 아래와 같은 화면
이 나타난다. 그 화면의 가장 상단에 표기된 구글 드라이브 - Google.
co.kr을 선택한다. 드라이브로 이동 버튼을 클릭하면 구글 드라이브 화
면이 나타나고 그 이후부터는 구글 크롬을 열면 바로 구글 드라이브 화
면을 얻게 될 것이다.

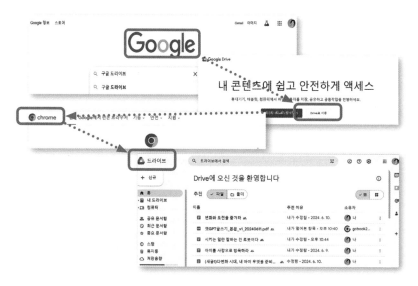

말로 '구글 문서' 작성

이동 중에는 스마트폰으로 문서를 작성할 수밖에 없다. 문서 작성은 역시 PC나 노트북에서 하는 것이 더 편리하고 CPU 등 처리 능력이 스마트폰보다 더 뛰어나다. 구글 문서의 PC버전에서도 말로 하여 문서를 작성할 수 있다.

노트북에 마이크 기능이 이미 내장되어 있으므로 다른 부가장치 없이 그대로 이 기능을 사용할 수 있으나 PC에는 단방향 마이크를 사서 부착해야 한다. 스마트폰과 마찬가지로 PC에서도 언제든지 말로 문서를 작성할 수 있다. 속도는 스마트폰보다 더 빠르다. 인터넷 쇼핑몰에서 2만 원 정도에 구매할 수 있는 마이크도 있지만 10만 원 이상의 단방향 마이크를 구매해 부착하면 음성 인식도를 높일 수도 있다.

다음 그림은 구글 드라이브의 PC버전에서 새 구글 문서 작성으로 들어가 음성으로 문서를 작성하는 방법을 설명해 준다.

말로 문서 작성 및 편집(컴퓨터에서 문서 확인)

1. 컴퓨터 키보드를 이용해서 편집 가능. 노트북 마이크를 이용하기 위해서는 '도구' 버튼을 선택
2. '음성 입력'을 선택하면 화면에 마이크 표시가 됨
3. 마이크를 클릭하여 마이크를 켜고, 말로 글쓰기를 진행함

* 별도의 '저장' 버튼이 없으며, 키보드 엔터키가 입력되면 자동으로 되므로 유의해야함

STT: 구글 문서에서 음성으로 문서 작성법(PC용)

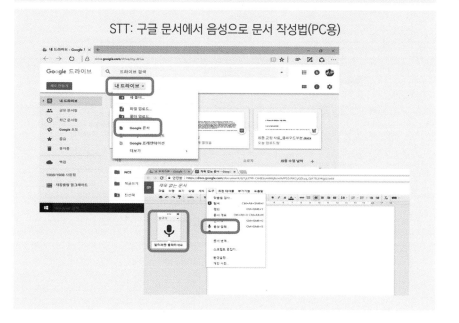

말로 문서 작성 및 편집(컴퓨터에서 문서 편집)

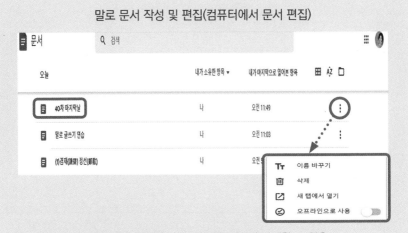

1. 메뉴(3점 모양)를 선택하면, 문서 이름 변경과 삭제할 수 있음
2. 문서 이름을 클릭하면 편집모드로 전환됨

말로 문서 작성 및 편집(자료 추가)

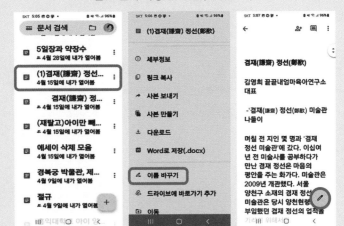

1. 문서 목록에서 문서 이름을 변경하고자 하는 경우 선택
2. 메뉴창이 나타남, '이름 바꾸기'를 이용해 변경함
3. 문서 이름을 선택
4. 문서의 내용을 확인할 수 있음. '연필' 아이콘을 선택해 문서 편집 모드로 전환됨

'구글 문서' 활용

실제 원고에서 긴 문장을 말로 작성할 때는 구글 문서를 사용한다. 다음 그림은 책의 일부를 직접 읽어서 작성한 구글 문서이다. 이 문서에서도 보듯이 말로 작성하는 문서의 경우는 마침표 같은 부호는 표기되지 않는다. 영어도 한글로 표기된다. 부호 이외에는 고쳐야 할 부분이 한 군데밖에 없었다.

STT: 말로 구글 문서 작성법(스마트폰용)

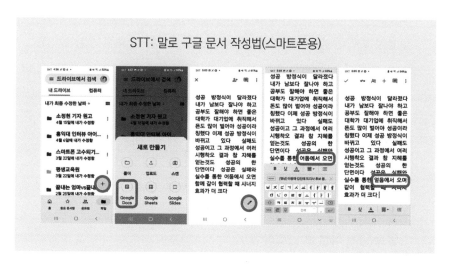

말로 문서 작성하기는 기존에 작성이 된 문서 또는 사진 찍어 만든 문서의 경우에도 추가해야 할 부분이 있다면 내용을 추가하고자 하는 위치에 손가락을 잠시 댄 뒤 떼면 그 자리에 커서가 위치하게 된다. 그때 마이크를 켜고 말을 하게 되면 자동적으로 문자화되어 기존 문서에 그 내용이 추가된다. 이런 방법으로 수집된 자료의 앞부분에 자료의 중요성이라든지, 특이사항 등을 말로 추가해 설명하면 추후에 그 자료를 검색하는 데 도움이 된다.

새로운 강의 준비를 할 때 주로 새 구글 문서를 활용해 강의 원고를 작성한다. 기존에 작성한 여러 관련 문서들 중에서 필요한 부분을 복사하고 나머지 새로운 부분들은 말로 해서 작성한다. 따라서 타이핑할 일이 거의 없으며 대체로 2시간용 새로운 강의를 위한 강의 교안 준비를 위한 시간은 2~3시간 정도면 충분하다.

그렇게 작성한 구글 문서는 모두 선택하여 복사한 다음 앞서 설명했던 토크프리 앱으로로 옮겨 읽어주는 것을 들으면서 잘못된 부분은 없는지 확인하면서 교정한다. 대체로 토크프리를 활용해서 한 번 정도만 듣고 수정 보완하면 강의 준비를 끝낼 수 있다. 이런 방식을 모를 때는 새로운 강의 준비에 오랜 시간이 걸렸다.

앞에서 설명했던 간단한 노트를 작성할 때도 스마트폰의 자체 앱인 노트 기능을 활용하지 않고 나중에 효과적인 키워드 검색 등 여러 장점을 활용하기 위해 구글 문서를 작성한다.

말로 문서 작성 후 편집하기

이미 말로 만든 스마트폰의 구글 문서 목록에서 문서 이름을 변경할 경우 해당 문서를 선택한다. 그 문서 오른쪽 옆의 점 3개를 누르면 메뉴창이 나타난다. '이름 바꾸기'를 이용해 문서 이름을 변경한다. 바꾼 문서를 선택한다. 그 문서를 편집하려면 하단의 연필 아이콘을 선택하면 편집 모드로 전환된다. 구글 문서는 PC나 노트북, 스마트폰이 서로 동기화되고 공유된다. 때문에 꼭 책상 앞에 앉아서만 업무를 봐야 한다는 고정 관념을 깨고 있다.

PC에 저장된 자료를 스마트폰에서 보는 방법

구글 크롬에서 구글 드라이브와 연결되면 이전에 PC나 노트북에 보관해 두었던 많은 자료들을 구글 드라이브로 이동해야 할 것이다. 자료를 모두 이동해 두면 PC나 노트북이 위치한 집이나 사무실에서뿐 아니라 어디에서나 스마트 워킹 할 수 있는 환경이 된다. 구글 드라이브를 열 때는 인터넷 익스플로러로 열면 안 되고 반드시 구글 크롬상에서 열어야 한다는 점을 잊지 말길 바란다. 구글 드라이브로 자료를 옮기는 방법은 다음과 같다.

첫째, PC에서 구글 드라이브로 옮기고자 원하는 파일이나 폴더를 클릭한 상태에서 구글 크롬상에 열려 있는 구글 드라이브의 원하는 폴더에다가 드래그앤드롭Drag&Drop하여 끌어다 놓음으로써 붙여넣기 하는 방법이 있다.

옮기고자 하는 파일이 하나이든 여럿이든 아래와 같이 PC의 탐색기를 활용하여 대상 파일들을 하나의 폴더에 모아서 그 폴더 자체를 구글 드라이브에 드래그앤드롭 하는 방식으로 한꺼번에 옮기는 방법도 추천한다.

두 번째 방법은 다음쪽의 그림과 같이 구글 드라이브에서 '내 드라이브' 버튼을 누르면 나타나는 새 화면에서 파일 업로드나 폴더 업로드를 활용하는 방법이다.

PC에서 필요한 자료를 드래그앤드롭하여 구글 드라이브로 복사

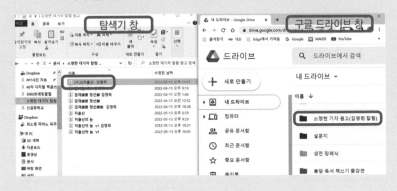

PC에서 필요한 자료를 구글 드라이브에 업로드

작성한 모든 자료 취합

이동 중에나 다른 사정에 의해 스마트폰으로 작업한 구글 독스 문서가 있다면 그 문서들은 저장하는 즉시 모두 구글 드라이브의 PC버전에도 동기화된다. 따라서 집이나 사무실이나 또는 PC나 노트북을 활용할 수 있는 어떠한 장소에서든 PC나 노트북을 켜고 구글 크롬에 들어있는 구글 드라이브에 들어가면 그때까지 스마트폰이나 PC 및 노

트북에서 작업한 모든 문서들을 열어 볼 수 있다.

작성한 기획안에 따라 필요한 파일들을 키워드 검색으로 찾아내고 그 중에서 필요한 부분을 복사하여 최종 원고인 구글 문서에 붙여넣기 한 다음 부족한 부분들을 채워주면 일단 원고 초안이 완성된다. 고품질의 기획안을 작성하고 자료가 충실하게 잘 모아졌다면 이 작업은 매우 신속하게 이루어질 수 있다.

여러분들은 혹시나 3~5시간 열심히 타이핑하고 나서 저장하지 않고 PC를 끄는 바람에 데이터가 모두 날라간 경험이 있지 않은가? 또 이미 작성된 문서를 업데이트하고는 별도의 버전 관리를 하지 않아 이전 내용을 다시 복구하지 못해 재작업한 일은 없는가? 특히 책자 원고 작성 시에 흔히 일어나는 일로 난감하기 짝이 없다.

하지만 구글 문서에는 이 두 가지를 모두 방지할 수 있는 가장 강력한 기능이 있다. 구글 문서는 어디에서 작업했든 상관없이 변경이 생길 경우 자동 저장이 된다. 저장되는 시점마다 무슨 내용이 누구에 의해 어떻게 고쳐졌는지 모두 추적할 수 있을 뿐 아니라 자동저장 시마다 별도의 버전을 저장해 두어 이전의 원고로 복원할 수도 있다.

이 두 가지 강점과 함께 구글 드라이브에서 키워드 검색을 하면 문서의 제목뿐 아니라 내용까지 들어가 그 키워드를 포함하고 있는 모든 서류들을 순식간에 검색해 준다는 점도 좋은 기능이다. 구글 드라이브에서 구글 문서로 저장하는 경우 구글에서 무료로 제공되는 15GB의 저장공간과 상관없이 무한대로 저장할 수 있다.

구글 문서가 아닌 마이크로소프트 오피스 문서나 이미지, 동영상을 저장하는 경우 무료 저장공간은 금방 차버리기 때문에 유료 저장공간을 구매해야 한다. 이러한 점들이 책·글쓰기에서 구글 앱들을 활용하는 가장 큰 이유이다.

구글 문서의 경우 별도로 저장하지 않아도 자동저장이 되기 때문에 구글 문서를 처음 작성했을 때 필히 '제목 붙이기'를 잊지 마시라. 만일 그렇지 않으면 구글 드라이브 안에 수많은 '제목없는 문서'들이 저장되어 추후 활용할 때 '제목없는 문서'들을 모두 열어 별도로 제목을 부여해야 하기 때문이다. 일단 문서 생성 초기에 제목을 달아 두면 별도의 저장을 걱정하지 않아도 된다.

여러분은 경우에 따라 구글 문서를 마이크로소프트 워드로 변화시켜 작업해야 할 경우가 있다. 이 경우 아래 그림에서 보는 바와 같이 구글 문서를 열어 '파일' 메뉴에서 '다른 이름으로 다운로드'의 '마이크로소프트 워드'를 선택하여 저장하게 되면 그 파일로는 PC나 노트북에서 보다 효과적으로 문서 수정 및 보완 작업을 수행할 수 있다.

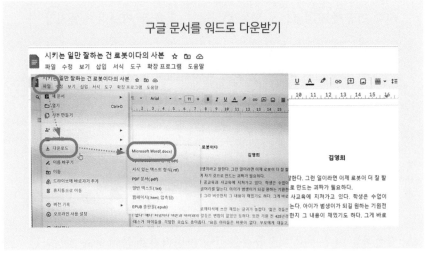

구글 문서를 워드로 다운받기

모바일 기기와 PC의 자료 동기화

앞에 소개했듯이 구글 앱스는 스마트폰이나 패드와 PC 및 노트북에서 언제든지 어디에서나 함께 사용할 수 있다. 사용하는 기종에 상관없이 주고받는 모든 데이터나 자료들은 즉시 동기화된다. 물론 주변 통신 환경에 따라 차이는 나지만 간단한 자료의 경우는 상대방의 스마트폰이나 PC에 거의 실시간으로 동기화된다. 데이터 양이 매우 큰 문서나 동영상의 경우 동기화되는 데 20분까지도 걸린다. 그런데 4G보다 평균적으로 20배나 빠른 5G 환경에서는 그런 큰 동영상 파일의 동기화도 수 초면 끝난다.

여러분이 직접 PC의 구글 크롬을 켜서 구글 드라이브 내의 한 테스트 문서를 열어 놓은 다음 스마트폰에서도 구글 드라이브 내의 같은 구글 문서를 열어 말로 새로운 내용을 추가해 보라. 그러면 PC의 같은 문서가 거의 동시에 동기화되어 문서 내용이 추가되거나 수정되는 모습을 직접 경험할 수 있을 것이다.

다시 말해 여러분이 영국에 여행가서 스마트폰에 대고 말로 해 작성한 문서가 수만 킬로미터 떨어져 있는 여러분의 집이나 회사의 PC에 동시에 동기화된다. 이것이 바로 스마트폰으로 스마트 워킹 하는 모습을 실제로 체험할 수 있는 대표적인 예이다. 스마트폰과 컴퓨터에서 사용하는 앱은 동시에 작동되므로 스마트폰에서 작업을 하든 컴퓨터로 작업을 하든 상관이 없다. 단지 사용자가 편한 대로 작업하면 된다.

구글, 네이버, 다음 등 포털 검색에서 찾은 자료 수집

책자를 완성할 때 습관적으로 활용했던 방법 중 하나가 있다. 집이나 사무실에서 네이버, 다음이나 구글 등 검색엔진들을 활용하여 필요하다고 판단되는 자료를 찾아낸 후 그 자료들을 모두 복사하여 앞서 설명했던 TTSText to Speech 툴인 토크프리에 각기 다른 문서로 붙여넣기를 해 둔 다음에 집이나 사무실을 떠났다.

그리고 나서 이동 중에 토크프리에서 읽어주는 것을 그냥 듣거나 필요한 경우에는 이어폰을 끼고 들었다. 듣는 도중 책자에 추가하거나 참고하면 좋겠다고 생각하는 문구들이 나오는 순간 토크프리를 정지한 다음, 만일 걷고 있을 때라면 구글 문서에 필요한 부분에 해당하는 시작 단어를 읽어준 다음 적절한 설명을 말로 추가해 주었다.

그 문서에는 예를 들어 '책 원고 필요자료_240415'라는 식으로 제목을 붙였다. 제목에 들어있는 숫자는 일자를 말한다. 경우에 따라 어디서 작성했는지가 중요한 경우 장소도 제목에 추가해 주었다.

이와 같은 방식으로 원고에 추가할 내용들을 수집하고 나서 적절히 앉아 있을 만한 장소를 찾는 즉시 항시 가지고 다니는 가벼운 노트북에서 '책 원고 필요자료_240415' 구글 문서를 열어 필요하다고 정리해 두었던 부분들을 복사하여 책 원고에 바로 적용하는 방식으로 원고를 완성해 나갔다. 이제는 책자를 기획하거나 자료를 수집하는 일이 매우 수월해졌을 뿐 아니라 그 수집된 자료를 정리하고 또 책자에 옮기기 위해 끊임없이 타이핑했던 피곤함에서 해방될 수 있다.

효율적인 각종 '자료 검색' 기법

일반 자료를 검색할 때 검색엔진들 중에서 주로 네이버, 다음과 구글을 활용하는데 그 중에서도 구글을 주로 활용한다. 왜냐하면 구글이 훨씬 더 풍부하고 정확한 품질의 자료를 제공해 주기 때문이다. 구글 검색에서의 활용 방안을 제시하고자 한다.

먼저 텍스트 검색 기법이다. 구글에서는 검색을 돕기 위해 다음과 같은 여러 가지의 방법을 제공해 준다. 자신이 찾고자 하는 내용에 알맞게 활용하면 매우 효과적이다.

① site: 특별한 서버 혹은 도메인의 페이지에 대해서만 검색

② intitle: 문서 제목을 기준으로 검색

③ insubject: 제목 라인을 검색

④ intext: 모든 기사의 내용 안에서 검색

⑤ filetype: 특정한 파일의 확장자를 검색

⑥ 2018..2020: 설정 기간을 우선으로 검색

⑦ +, −, " ": 특정한 문자를 포함, 불포함, 온전한 문장

예를 들면 구글 검색창에 "기획 intext: 전략 filetype: ppt"라고 입력하면 '기획'이라는 주제로 하는 내용 중에 '전략'이라는 말을 포함하는 파워포인트 슬라이드 형태의 자료들을 검색하여 모두 보여준다. 특이한 점은 그렇게 검색해 낸 파워포인트를 내 것으로 수정해서 활용할 수 있다는 점이다. 물론 외부적으로 활용할 때는 지적재산권 문제를 신중하게 고려해야 한다.

'스마트폰 고수되기' 공동 작업하기

여러분은 앞에서 자판이 아닌 말로 타이핑하는 방법을 배웠고, 모바일 기기와 컴퓨터의 자료를 동기화해서 사용하는 방법과 구글, 네이버 등 포털사이트에서 자료를 찾고 수정하는 방법을 배웠다. 또 작성된 문서를 TTS 앱을 통해서 이동 중에 들으면서 수정하는 방법도 알았다. 이제 여러분은 말로 글을 쓰고, 문서를 만들고, 자료를 찾고, 말로 쓴 글을 들으면서 원고를 수정할 수 있을 것이다. 이러한 과정은 혼자서 스마트폰으로 책을 쓰는 가장 기초적인 과정이다.

이제부터 여러분은 혼자서 작업을 하는 것뿐만 아니라 구글 드라이브에 문서를 올려놓고 여러 사람과 공유하면서 함께 작업하는 방식을 배울 것이다. 문서를 공유하면서 전문가로부터 코칭도 받고 여러 사람과 공동 작업을 할 수 있다. 공유문서 작업을 하면 이 방식이 얼마나 빠르고 실리적인지 감탄할 것이다.

구글 앱 활용해서 '구글 문서 공유'하기

이제부터 구글 문서를 공유하고 스마트 워킹을 제대로 하는 방법을 알아보기로 하자. 그 첫 번째가 공유Sharing하는 기능이다. 여러 명이 카카오톡이나 네이버 밴드와 같은 SNS 방식으로 클라우드를 활용하여 자료를 공유하고 또한 그에 대한 열린 의사소통이 필요할 경우 구글 독스는 매우 유용하게 활용될 수 있다. 특히 구글 문서가 가지고 있는 여러 사람들과 문서를 공유할 수 있는 기능은 여러 가지 측면에서 매우 강력한 기능이다.

구글 독스는 구글 클라우드 기반 서비스로 세 가지 종류가 있는

구글 문서 공유하기

데 문서워드와 같은 기능, 스프레드시트엑셀과 같은 기능, 프레젠테이션파워포인트와 같은 기능 기능을 무료로 제공하고 구글 드라이브에 무한대로 저장할 수 있다.

위 그림은 PC에서 활용하던 마이크로소프트 워드 문서를 구글 드라이브로 업로드하면서 구글 문서 형태로 저장된 문서의 경우 공유할 때 나타나는 화면을 예시로 보여준다. 애초부터 구글 문서로 작업된 서류는 위 그림 중 첫 설명인 구글 문서로 저장의 과정을 거치지 않고 바로 사용자 추가하는 화면에서 공유하면 된다.

최초 문서 작성자는 특정 자료나 이슈에 대해 실시간으로 열려 있는 의사소통을 위해 함께 하기를 원하는 모든 사람들을 다음 쪽의 그림과 같은 방법으로 초청함으로써 의사소통에 참여시킬 수 있다. 별도로 초청하는 사람이 1명이든 100명이든 상관없다.

이때 각 초청 대상자마다 세 가지의 각기 다른 형태의 권한을 준다. 첫째, 수정 보완을 함께 할 수 있는 사람들, 둘째가 그 문서에 댓글을 달 수 있는 사람들 그리고 셋째, 그 문서를 읽을 수만 있는 사람들 등

세 그룹으로 분류한다. 세 가지 각각의 권한마다 100명까지 초청하여 공유할 수 있다. 따라서 이론적으로는 한 문서에 최대 300명까지 초청 가능한 셈이다.

예를 들어 '디지털책쓰기코칭협회'의 회원이 구글 문서를 공유하고 스마트 워킹할 회원들은 모두 수정 권한을 가져야 한다. 코칭하는 전문강사는 댓글 달 권한을 가지면 되고, 단순히 참조만 하면 되는 회원들은 읽기 권한만을 갖는다.

또한 초청 대상자에게 댓글을 달 수 있는 권한을 부여하게 되면 그 문서를 실시간으로 검토한 사람들은 의문 사항이 있거나, 이슈가 되

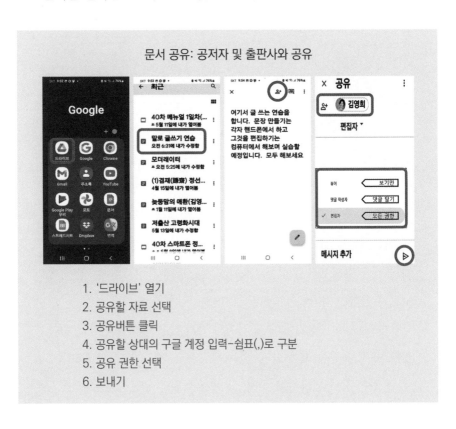

문서 공유: 공저자 및 출판사와 공유

1. '드라이브' 열기
2. 공유할 자료 선택
3. 공유버튼 클릭
4. 공유할 상대의 구글 계정 입력-쉼표(,)로 구분
5. 공유 권한 선택
6. 보내기

거나 참고할 만한 사항들을 문서 안에서 그 대상이 되는 내용을 선택한 다음에 댓글을 달면 된다. 문서의 전반적인 내용에 대한 댓글이라면 문서 전체 내용을 선택한 다음 댓글을 단다. 스마트폰에서 댓글을 달기 위한 내용을 선택할 때는 그 내용 중 아무 단어 위에 손가락을 댄 채 2초가량 누르고 있으면 그 단어가 선택이 된다. 단어 위에 새롭게 만들어진 네모 상자 아랫부분에 생성된 풍선모양을 누르고 앞뒤로 끌어서 댓글을 달길 원하는 만큼의 대상 내용을 선택할 수 있다.

이와 같은 방식으로 댓글을 달면 그 즉시 해당 문서와 관련된 모든 사람들이 실시간으로 그 댓글을 확인할 수 있다. 자신도 그에 대한 의견을 역시 댓글로 달면 관련되는 모든 사람들이 서로 간에 교신한 댓글 내용들을 실시간으로 공유할 수 있다. 이 댓글 역시 스마트폰에서 말로 하면 작성된다. 댓글에 대한 댓글은 별도의 댓글을 달지 말고 댓

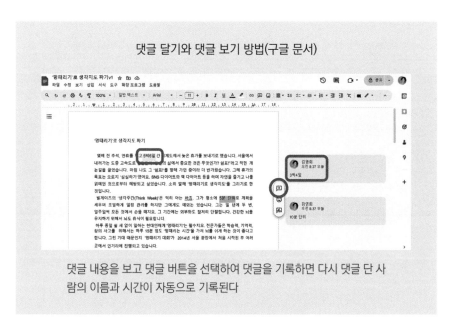

댓글 달기와 댓글 보기 방법(구글 문서)

댓글 내용을 보고 댓글 버튼을 선택하여 댓글을 기록하면 다시 댓글 단 사람의 이름과 시간이 자동으로 기록된다

글 내에 있는 댓글을 달아주는 것이 효과적이다.

누구든지 문서 내용을 수정하거나 댓글을 다는 즉시 그 문서는 별도로 저장하지 않아도 자동 저장을 할 뿐 아니라 자동 저장될 때마다 누가 몇 월 며칠 몇 시 몇 분에 어디를 어떻게 수정했는지 변경 내용을 기록해 준다. 155쪽의 그림에서 댓글 달기와 댓글 확인 방법을 참고할 수 있다.

공유문서의 '변경 내용 추적 및 원본 복원'

구글 문서 공동 작업 시 자동저장, 버전기록관리, 원본 복원 등의 기능은 PC나 노트북에서만 실행할 수 있다. 공저자들 또는 공저자와 출판사 담당자가 함께 공유한 원고로 공동 작업할 때는 원본 문서를 작성한 사람이 초청 대상자들을 초청할 때 수정할 수 있는 권한을 주게 된다.

예를 들어 공저자 한 사람이 각 공저자들로부터 자신에게 공유된 각자의 원고를 한 구글 문서에 통합한 다음 관련되는 모든 사람들에게 수정 권한을 주어 공유한 다음 카톡으로 그 사실을 알리면 공유된 모든 사람들은 그들이 어디에 있든 상관없이 언제든 어떤 디바이스로든 그 문서에 관해 공동작업을 할 수 있다.

누구든 수정하는 즉시 다른 사람들이 언제 어디를 어떻게 수정했는지 PC나 노트북에서 확인할 수 있다. 문서를 공유한 모든 사람들은 구글 문서문서, 스프레드시트, 프레젠테이션의 PC 버전에서 '파일' 메뉴에 있는 '버전기록보기'를 선택한다.

나타나는 새 화면에서 수정된 일시, 즉 며칠 몇 시 몇 분까지 기록되

이전 버전 복원/변경내용 추적(구글 문서) 1

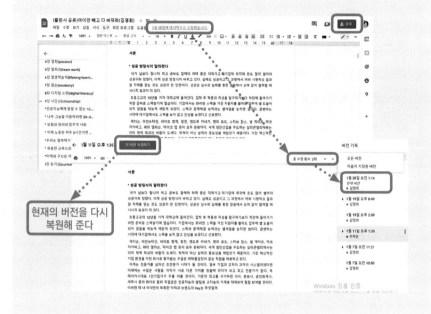

현재의 버전을 다시
복원해 준다

이전 버전 복원/변경내용 추적(구글 문서) 2

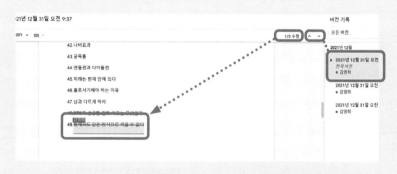

화살표를 누르면 그에 해당하는 수정한 사람의 이름과 수정사항이 나타
난다

며 누가 어느 부분을 어떻게 수정했는지를 상세하게 파악할 수 있다. 두 사람 이상이 같은 시간에 공동 작업을 할 경우는 각 버전별로 저장이 되기 때문에 어떤 사람이 수정하게 되면 항시 누구든 가장 마지막으로 수정한 문서 버전 위에서 수정된다.

여러분은 아마도 오피스 문서를 작업하면서 과거 버전과 현재 버전의 버전관리를 V1.0., V1.1. 등으로 별도 관리하지 않아 과거 버전의 문서가 필요할 경우 다시 입력할 수밖에 없었던 경험을 했을 것이다. 구글 문서에서는 전혀 걱정할 필요가 없다. 이전 버전에서의 원본을 복원하고 싶다면 보고자 하는 버전에 들어가 '원본 복원하기'를 클릭하면 원하는 버전의 원본을 복원할 수 있다.

수집된 자료의 효율적인 관리

계속 수집된 자료를 쌓아 놓기만 하면 나중에 찾기가 어렵다. 이제 여러분들은 구글 드라이브에 책·글쓰기와 관련된 자료를 계속 수집하면서 효과적인 관리를 위한 폴더를 구성해야 한다. 출판기획서 작성 후 자료실을 어떻게 구성할 것인지에 대한 보다 구체적인 자료실 설계도를 그릴 수 있다. 그 설계도에 따라 다음 그림과 같이 구글 드라이브에서 새 폴더를 만드는 방법을 배우도록 하자.

이제 폴더가 생성되었으면 그동안 드라이브에 저장된 각종 문서들을 새로 생성한 폴더에 이동시켜야 한다. 아래 그림을 따라 스마트폰에서 실행해 보자. 이동하고자 하는 한 문서의 제목 위에 손가락을 엎어놓고 2초가량 지긋이 누르면 그 문서가 선택된다. 그 다음 문서들의 경우는 지긋이 누를 필요 없이 살짝 터치만 해도 지속적으로 추가 선택이 된다.

특정 파일을 선택하고 오른쪽 마우스 버튼을 누른다

신속하고 정확한 '자료 검색'

이제 많은 자료를 수집해 놓았다면 그 수많은 자료들 중에 책자의 내용에 적절한 자료를 검색해 내는 방법을 알아야 한다. 당신은 혹시 필요한 자료가 어디 있는지를 몰라 장시간 찾다가 결국 못 찾은 경험을 해 본 일은 없는가? 대부분의 사람이 경험하는 일이다. 구글 드라이브에서는 활용하는 기법만 잘 알면 그런 일이 발생하지 않는다. 구글 드라이브에 아무리 많은 자료가 저장되었어도 검색란에 필요한 키워드를 입력하는 즉시 빠른 시간 내에 문서의 제목만이 아니라 저장된 문서의 내용을 모두 훑어 제목이나 내용에 같은 키워드가 들어 있는 문서들을 모두 찾아준다.

다음 그림은 구글 드라이브에서 자료를 검색하는 방법을 알려 준다.

자료 검색(구글 드라이브)

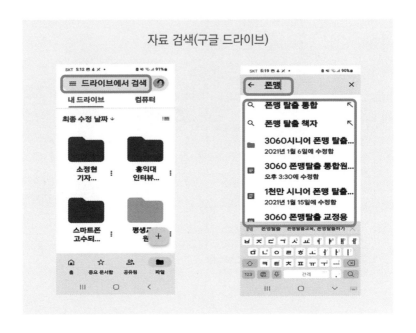

이제는 책자 원고를 작성할 때 필요한 수많은 자료 중에 구글 드라이브 검색어를 넣어 쉽게 찾을 수 있다. 찾은 문서의 필요한 부분을 복사해서 옮기기만 하면 직접 입력해야 하는 수고를 덜 수 있다.

출간을 도와주고 코칭하는 사람들도 피코칭 대상자와 인터뷰하면서 들은 긴 이야기들을 별도로 입력할 필요가 없다. 상대방이 말한 내용을 바로 음성 변환하여 문자화된 것을 들으면서 잘못된 부분을 수정해 주면 된다.

작성하고자 하는 원고 내용에 도움이 되는 자료들을 복사해 옮겨 놓고 수정하거나 또는 추가해야 되는 부분들은 음성으로 입력하는 방식으로 완성해 나가면 된다. 음성으로 하는 것이 더 불편할 경우에만 직접 타이핑하여 입력하면 된다. 듣는 것과 읽는 것을 동시에 하면서 수정 작업을 하는 효과는 예전 방법대로 읽기만 하면서 수정 내지 교정 작업을 하는 것보다 최소한 4~5배 이상의 효과가 있는 것으로 판단된다.

이상으로 왜 구글 드라이브를 써야 하는지에 대한 내용을 체험했다. 구체적인 내용을 9가지로 적어 보면 아래와 같다.

왜 구글 드라이브인가?

1. 자동 저장

2. 변경 내용 추적

3. 과거 버전 복원 가능

4. 키워드로 제목뿐 아니라 내용까지 훑어 빠르게 검색

5. 공유를 통한 실시간 의사소통

6. 구글 독스 활용으로 무제한 공간 제공

7. 설문서로 실시간 의견수렴

8. 동화상 회의

9. 가장 우수한 번역 품질

4장

챗GPT로 책 한 권 끝내기

챗GPT가 단순한 텍스트 생성 도구를 넘어 다양한
산업과 분야에서 실질적인 가치를 제공할 수 있는
강력한 도구임을 보여주고 있다.

챗GPT를 활용한 책과 글쓰기 도전

챗GPT란 무엇인가

챗GPT는 인공지능 연구조직인 OpenAI사에 의해 개발된 자연어 처리모델Natural language processing, NLP로 2022년 11월 30일 처음 공개되어 세상을 놀라게 했다. GPTGenerative Pre-trained Transformer 시리즈의 일부로, 대화형 텍스트 생성에 특화되어 있고 이 기술은 사용자의 질문이나 메시지에 대해 자연스럽고 유용한 답변을 생성할 수 있는 능력을 가지고 있다.

챗GPT의 기반 기술인 GPT는 2018년에 처음 개발되었다. Open AI는 이후 여러 버전의 GPT를 출시하면서 각 모델의 성능을 향상시켜 왔다. 이 모델들은 대량의 텍스트 데이터를 학습하여 언어의 구조와 사용법을 이해시킨 결과, 챗GPT는 다양한 주제에 대해 상세하고 연관성 높은 텍스트를 생성할 수 있게 되었다.

챗GPT는 기본적으로 사용자의 입력에 대해 의미 있는 반응을 생성하도록 설계되었다. 이 AI는 소설 쓰기, 논문작성, 기사 작성, 대화 시뮬레이션 등 다양한 언어 기반 작업에 활용될 수 있고 문서 요약,

언어 번역, 교육적 설명 등 복잡한 작업을 수행하는 데에도 효과적으로 사용되고 있다.

챗GPT는 고객 서비스, 온라인 교육, 헬스케어 상담 등 인간과의 상호작용이 필요한 여러 분야에서 문제 해결 도구로서 활용되며 특히, 자동화된 고객 지원을 제공함으로써 기업들은 운영 효율성을 개선하고 고객 만족도를 높일 수 있다. 챗GPT와 같은 AI 기술의 미래는 매우 밝다. 이 기술은 계속해서 발전하여 더욱 정교하고 다양한 형태의 자연어 처리 능력을 제공할 것이며 인간과 AI의 상호작용을 보다 자연스럽고 효율적으로 만드는 데 기여할 것으로 예상된다.

이제 챗GPT는 전문가들이 쓰는 도구가 아니라 인터넷이나 검색기능이 처음 나왔을 때처럼 일상화되어 우리 삶에서 필수불가결한 도구로 발전할 것이다. 이처럼 챗GPT가 단순한 텍스트 생성 도구를 넘어 다양한 산업과 분야에서 실질적인 가치를 제공할 수 있는 도구임을 보여주고 있다.

챗GPT는 책과 글쓰기를 위한 강력한 도구

챗GPT는 글이나 책을 쓰는 과정에서 시간을 절약하고 생산성을 높일 수 있는 강력한 도구이자 똑똑한 비서다. 초기 아이디어에서부터 초안 작성까지, 챗GPT는 소설, 에세이, 학술 논문, 비즈니스 보고서 등 다양한 형태의 문서를 자동으로 생성할 수 있기 때문에 작가가 특정 주제에 대한 아이디어를 갖고 있지만 표현 방법을 찾기 어려울 때 챗GPT를 활용하여 다양한 제안을 받아 볼 수 있다.

예를 들어 자기계발서를 쓰고 있다고 가정해 본다면 작가는 책의 주제와 내용을 생각해 냈지만 독자들에게 어떻게 전달해야 할지 막막할 수 있다. 이때 챗GPT를 활용하면, 주제와 내용에 맞는 문장 구조와 표현 방식을 제안해 줄 수 있고 독자들의 관심을 끌 수 있는 제목과 소목차를 몇십 초 만에 뚝딱 만들어 줄 수도 있다.

또 책을 쓰는 과정에서 자료를 수집하고 분석하는 일은 매우 중요하다. 이때 챗GPT를 활용하면 주제와 관련된 자료를 검색하고 자료를 요약하고 분석하는 작업을 자동으로 수행해 줄 수 있다. 더 나아가 자료를 바탕으로 독자들에게 유용한 정보를 제공하는 방법을 제안해 줄 수도 있다.

이렇게 챗GPT는 작가가 실용서를 쓰는 과정에서 시간과 노력을 절약하고 독자들에게 더 유용한 정보를 제공할 수 있도록 도와주는 유용한 도구이다. 작가가 생각하지 못한 새로운 아이디어를 제공해 줌으로써 독자들에게 더 큰 도움을 줄 수도 있다.

글쓰기는 초안 작성 이후의 수정 과정에서도 많은 노력이 요구된다. 챗GPT는 문법 오류를 정정하거나 더 나은 표현을 제안하는 등의 작업을 자동으로 수행할 수 있다. 또한 텍스트의 일관성과 흐름을 개선하는 데 큰 도움을 준다. AI는 전체 문서를 통해 스타일과 톤이 일관되게 유지되도록 지원하며, 필요한 부분에 추가적인 정보를 제공할 수 있는 제안을 할 수 있다.

챗GPT는 방대한 정보와 데이터에 기반한 학습을 통해 다양한 주제에 대해 깊이 있는 배경 지식을 갖고 있다. 이를 통해 작가는 특정 주제에 대한 심층적인 연구나 참고자료 수집 과정에서 AI를 활용할 수 있다. 관련 주제에 대한 요약, 분석 또는 데이터 집계를 제공함으로써 연구 과정을 보다 효율적으로 만들어 준다.

아울러 챗GPT는 예상치 못한 방향으로의 사고 확장을 도울 수 있으며 때로는 작가가 생각하지 못한 새로운 시각이나 아이디어를 제시함으로써 창의적인 글쓰기에 영감을 줄 수 있다. 이는 특히 창작의 고민이나 작가의 블록에 부딪혔을 때 유용하게 활용될 수 있다.

챗GPT의 이러한 유용성은 글쓰기와 책쓰기를 더욱 쉽고 효과적으로 만들어주는 혁신적인 수단이다. 이 도구를 활용함으로써 작가는 더 나은 내용을 더 빠르고 효율적으로 생성할 수 있다. 그 결과 독자들에게 더 큰 가치를 지닌 책을 내놓을 수 있게 된다.

챗GPT 5총사의 특징과 책쓰기 활용

오픈AI, 제미나이, 코파일럿, 클로바X, 클로드

최근 몇 년간 인공지능 기술의 발전은 많은 분야에서 혁신을 가져왔으며, 특히 생성형 AI 기술은 콘텐츠 생성과 글쓰기 영역에서 중요한 역할을 하고 있다. 챗GPT는 오픈AI가 불을 당기자 지금은 너나없이 여기에 뛰어들어 수많은 챗GPT가 나와있다. 우리나라에서 많은 생성형 챗GPT 중에서 주로 많이 쓰고 있는 생성형 AI 5총사를 든다면 단연 오픈AI, 제미나이, 코파일럿, 클로바X, 클로드를 말한다. 5인방은 각기 책과 글을 쓰는 데 장단점을 가지고 있으므로 강점 중심으로 활용하면 된다. 즉 한 가지 질문에 대해서 마음에 들지 않을 경우 다른 GPT를 번갈아 사용해 답을 구한 뒤 원하는 것을 취사선택하면 된다. 5총사는 서로 경쟁하면서 다른 방식으로 글쓰기와 출판계에 혁신을 주도하고 있다.

1) OpenAI

2015년 OpenAI 설립되었다. 2021년 AI 언어모델인 챗GPT를 2022년 11월 30일에 공개하여 세상을 놀라게 했고 1주일 만에 사용자 100만을 돌파한 기록을 가지고 있다. 100만 돌파는 넷플릭스가 3.5년, 트위터가 2년, 페이스북이 10개월, 인스타그램이 2.5개월 걸린 엄청난 수치이다. OpenAI는 자연어 처리 분야에서 높은 성능을 보여주며 다양한 분야에서 활용되고 있다. 2023년 GPT-4를 출시했다.

GPT-4는 이전 버전인 GPT-3.5보다 약 500배 더 큰 데이터 셋을 활용한 모델로 텍스트를 넘어 이미지와 오디오, 비디오 등 다양한 입력 데이터를 동시에 처리한다. 데이터 포맷 역시 다양하게 생성하는 멀티모달 모델로 진화했다. 멀티모달Multimodal AI는 텍스트 외에 음성, 제스처, 시선, 표정, 생체 신호 등 여러 입력 방식을 동시에 받아들여 인간을 흉내 낸 종합적인 사고를 가진 AI를 의미한다.

OpenAI는 AI 기술을 활용하여 인류의 발전과 번영에 기여하는 것을 목표로 하고 있다. AI 기술의 발전과 함께 윤리적, 사회적 문제에 대해서도 고민하고 이에 대한 해결책을 모색하고 있다. OpenAI의 등장은 인공지능 기술의 발전과 함께 인공지능이 인간의 언어를 이해하고, 대화를 나눌 수 있는 수준까지 발전했다는 것을 보여주는 중요한 사건 중 하나다. 챗GPT는 인공지능 기술의 발전과 함께 다양한 분야에서 활용될 수 있는 가능성을 보여주고 있다.

오픈AI는 2024년 5월 GPT-4o의 개발을 발표했는데 2023년 11월 발표한 현행 'GPT-4 터보' 이후 처음이다. o는 '모든'을 뜻하는

오픈AI, 폰맹이라도 자유롭게 사용할 수 있는 챗GPT

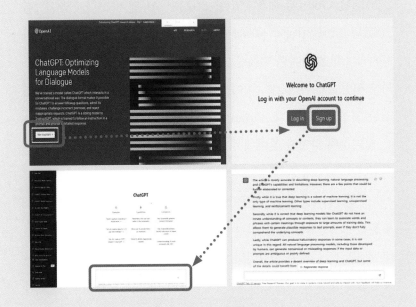

*챗GPT 공식 사이트 주소

https://chat.openai.com/auth/login

<u>챗GPT는 앱이 아닌 사이트 주소로 접속 가능</u>

1단계: 오픈AI 공식 홈페이지에 접속해 'TRY chatGPT' 클릭한다

2단계: 회원가입(빨간색 네모 안 Sign up)을 한다. 가입에 필요한 준비물
       은 두 가지다. 이메일 주소와 인증번호를 받을 수 있는 휴대전화다.

3단계: 회원가입을 마치면 무료로 챗GPT를 사용할 수 있다. 화면 하단에
       '질문창'이 있다. 여기에 질문을 하고 엔터키를 누르면 챗GPT와의
       대화가 시작된다.(유료, 한 달에 20달러)

4단계: 대화 응용하기

'옴니Omni'의 앞글자에서 따왔다. GPT 4.0 터보 기존 모델보다 향상된 멀티모달 처리 능력을 갖추고 있다. 이 모델은 텍스트와 이미지를 동시에 이해하고 생성할 수 있으며, 더 큰 문맥 창을 제공하여 복잡한 대화와 지시를 처리할 수 있다. 종전에 비해 처리 속도를 2배로 고속화한 한편, 운용 비용은 절반으로 줄었다. 목소리로 말을 걸면 사람과 같은 반응 속도로 대화를 나눌 수 있다. 약점이었던 반응 지연을 사람이 실제로 대화할 때와 같은 수준을 구현했다. 인간의 감정을 읽고 농담도 통한다. 총 50개국 언어를 지원하며 문자, 이미지, 음성을 모두 인식한다. 실시간 번역 외에 스마트폰 카메라를 이용해 사람의 얼굴 표정을 읽거나 그래프를 읽을 수도 있다.

OpenAI는 텍스트 기반의 생성형 AI로, 주어진 프롬프트에 따라 다양한 내용을 작성할 수 있으며 글쓰기, 음악 가사 작성, 소설 창작 등에 활용된다.

- 대용량의 텍스트 데이터를 기반으로 학습하여 자연어 처리 작업에서 높은 성능
- 유료4.0 이상에서는 책의 표지나 삽화그림 등 이미지 처리 가능
- 예측 및 생성 작업을 빠르게 수행하여 실시간 대화 시스템에서 사용 가능
- 기존의 인공지능 모델보다 더 긴 문장을 생성할 수 있고 논리적이고 체계적인 글이나 문장에 탁월
- 한국 관련 최근 정보나 한글로 학습된 자료는 아주 미흡함

2) 제미나이Gemini

제미나이는 구글에서 개발한 인공지능 기반의 코드 작성 도구로 다

음과 같은 진화와 발전을 거쳐왔다. 2021년 구글은 제미나이를 처음으로 공개했다. 제미나이는 파이썬, 자바스크립트, 자바 등 다양한 언어를 지원하여 2022년 제미나이는 기능이 더욱 향상되고 있다.

예를 들어 코드 작성의 효율성을 높이기 위해 자동 완성 기능이 강화되었으며 다양한 프로그래밍 언어를 지원하게 되었다. 제미나이는 사용자의 피드백을 바탕으로 지속적으로 진화하고 발전하고 있는데 사용자가 입력한 코드를 분석하여 자동으로 코드를 완성하거나 코드 작성에 필요한 정보를 제공한다.

구글은 2024년 5월 제미나이 모델을 업그레이드시켜 멀티모달 AI 기능을 크게 강화했다. 제미나이는 텍스트뿐만 아니라 이미지, 오디오, 비디오 등의 데이터를 동시에 처리할 수 있으며, 고성능 멀티모달 모델로 자리잡았다. 제미나이는 Ultra, Pro, Nano의 세 가지 버전으로 제공되며, 각각의 버전은 다양한 용도에 맞게 최적화되어 있다. 제미나이 Ultra는 가장 복잡한 작업을 처리할 수 있는 고성능 모델이며, Pro는 다양한 작업을 효율적으로 수행할 수 있고, Nano는 모바일 기기에서도 작동할 수 있도록 설계되었다. 구글의 제미나이의 특징을 보면 다음과 같다.

- 구글의 대용량 데이터를 기반으로 하여 상대적으로 정확한 정보를 제공
- 다양한 창의적인 텍스트 형식 생성 기능(예: 시, 코드, 대본, 악곡 등)
- 구글 정보를 바탕으로 하기 때문에 정보 검색 및 요약 기능을 신속하게 제공
- 한국 관련 정보나 최근 자료에 대한 다양한 답변 기능
- 구글에서 Bard를 치면 제미나이로 바로 연결됨

역대급 챗GPT 제미나이

제미나이는 원래 PC버전이지만 하기의 방법으로 스마트폰 홈에 설치하여 앱 형태로 사용한다면 아주 편리하다. 특히 음성으로 프롬프트를 입력할 수 있어서 시니어들은 스마트폰으로 언제 어디에서든지 손쉽게 사용할 수 있다.

제미나이 홈화면 추가하기

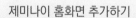

3) 코파일럿Copilot

마이크로소프트에서 개발한 인공지능 기반의 코드 작성 도구로 다음과 같은 진화와 발전을 거쳐왔다. 2021년 마이크로소프트는 코파일럿을 처음으로 공개했다. 2022년 코파일럿은 기능이 더욱 향상되었는데 코드 작성의 효율성을 높이기 위해 자동 완성 기능이 강화되었고 다양한 프로그래밍 언어를 지원하게 되었다.

2023년 5월 마이크로소프트 빌드 2023에서 처음으로 소개되었고 9월 26일, Windows 11에 코파일럿 기능이 공식적으로 출시되었다. 코파일럿은 사용자의 피드백을 바탕으로 지속적으로 진화하고 발전하고 있는데 사용자가 입력한 코드를 분석하여 자동으로 코드를 완성하거나, 코드 작성에 필요한 정보를 제공한다. 마이크로소프트는 코파일럿을 통해 개발자들이 더욱 빠르고 효율적으로 코드를 작성할 수 있도록 지원하고 있고 인공지능 기술을 활용하여 개발자들의 생산성을 향상시키는 데 큰 역할을 하고 있다. 코파일럿은 GPT4.0을 무료로 제공하기 때문에 이미지 처리가 가능하다. 코파일럿도 원래 PC버전이지만 스마트폰에 설치하여 앞서 설명한 앱 형태로 사용한다면 말로 처리가 가능해서 시니어들에게는 아주 편리하다.

- 최신 정보를 웹에서 가져와 소스 링크가 포함된 최신 정보를 제공
- 시각적 기능을 추가하여 이미지 생성도 가능
- 다양한 창의적인 텍스트 형식 생성 기능예: 시, 코드, 대본, 악곡 등
- 정보 검색 및 요약 기능 제공
- 창의적인 텍스트 형식 생성 기능 제공

4) 클로바X

2023년 6월, 하이퍼클로바HyperCLOVA 기술을 기반으로 네이버에서 만들었다. 대규모 텍스트 데이터를 학습하여 자연어 이해, 생성, 요약, 번역 등 다양한 언어 처리 작업을 수행할 수 있다. 그해 11월, 대화형 인공지능 서비스인 하이퍼클로바XHyperCLOVA X를 출시했다. 클로바X는 사용자의 피드백을 바탕으로 지속적으로 진화하고 발전하고 있다. 사용자가 입력한 텍스트를 분석하여 자동으로 답변을 제공하거나 다양한 언어 처리 작업을 수행할 수 있다. 또 다양한 언어를 지원하며 한국어에 대한 이해도가 가장 뛰어나다.

- 클로바X는 한국어를 정말 잘 구사하며 깔끔하고 자연스러운 한국어로 대화를 진행할 수 있음

- 대화 리스트, 디스커버리, 스킬 등 다양한 기능을 제공함

- 한국과 관련된 정보나 팩트에 대한 질문에 높은 정확성을 보여줌

- 한국 정서에 맞는 유머러스하고 재미있는 대화 가능

- 이미지, 소리, 영상 생성 기능도 추가 제공 예정

클로바X는 원래 PC버전이지만 네이버 홈페이지에서 다운을 받아 다음의 요령으로 스마트폰의 홈화면에 앱 형태로 설치하여 사용한다면 아주 편리하다. 앞서 설명한 제미나이와 같이 음성으로 프롬프트를 입력할 수 있다.

클로바X는 한국어에 강한 AI다. 더구나 외국에서 개발한 GPT와는 달리 최신 한국이나 한국어 정보를 모두 가지고 있기 때문에 활용가치가 높아 앞으로 더 발전할 것으로 기대되며 이러한 생성형 AI들은

클로바X 홈화면 추가하기

한국형 챗GPT 네이버 클로바X 활용 예시

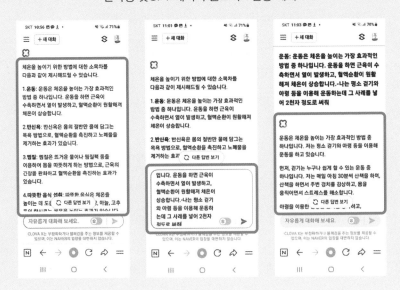

각기 다른 특성과 장점을 가지고 있다. 책쓰기에 활용될 때 각각의 목적과 필요에 맞게 효과적으로 기능할 수 있다.

5) 클로드Claude

인공지능 기술의 새로운 지평을 열고 있는 클로드Claude는 안쓰로픽Anthropic사가 야심차게 개발하고 있는 생성형 AI다. 안쓰로픽은 2021년 OpenAI의 전직 연구원들에 의해 설립된 AI 기술 기업으로 마이크로소프트의 투자를 받으며 OpenAI가 영리화되자, 의견 충돌로 인해 차례로 퇴사 후 설립했다. 따라서 안쓰로픽은 공익기업을 표방하여 AI의 안전성과 윤리성을 최우선 가치로 두며, 딥러닝 전문가들이 모여 차세대 인공지능 시스템 개발에 매진하고 있다.

그들의 최신 성과물인 클로드 3은 선행 모델인 클로드 1, 2를 기반으로 하되 대폭 업그레이드된 대화형 AI다. 클로드 3의 가장 큰 특징은 확장된 다중 모달 지식베이스를 갖추고 있다는 점으로 텍스트에 더해 사진, 차트, 그래프 및 기술 다이어그램을 포함한 광범위한 시각적 형식을 처리할 수 있어 폭넓은 주제의 대화가 가능하다. 또한 차등적 정보 접근 제어 기능으로 개인정보와 민감 데이터의 유출 위험이 크게 낮아졌다.

이외에도 구성 요소별 심화 학습과 규제를 통해 부적절하거나 편향된 발언의 가능성을 최소화했다. 맥락 인식 및 응답의 일관성도 대폭 향상되어 자연스러운 대화를 구사할 수 있게 되어 클로드 3은 강화된 보안성과 통제력, 지능형 대화 능력을 고루 갖추고 있다. 그야말로 정보 보안과 개인정보 보호가 견고할 뿐 아니라, 논란의 소지가 있는 부적절한 내용 대화도 철저히 차단해 준다. 뛰어난 맥락 파악력으로 상황에 맞는 자연스럽고도 일관된 대화를 구사할 수 있다. 이렇듯 클로드 3은 인공지능 기술의 새로운 지평을 열고 있는데 보안성과 윤리성을 겸비한 차세대 AI 시스템의 혁신적인 면모를 보여주고 있다.

이를 요약하면 다음과 같다.

- 확장된 다중 모달 지식베이스를 보유하여 텍스트 외 이미지, 코드 등 다양한 지식 활용 가능
- 차등적 정보 접근 제어로 개인정보, 민감 데이터 유출 방지로 안전성이 높음
- 구성 요소별 심화 학습과 규제로 부적절 발언, 편향 최소화
- 맥락 인식 및 응답 일관성이 향상되어 다른 GPT가 상투적 언어를 쓰는 데 비해서 비교적 사람과 대화하는 듯한 자연스러운 대화
- 글을 쓰거나 써 있는 글을 수정을 하는 데 최적화된 모델

클로드는 Opus, Sonnet, Haiku 세 모델로 구성되어있다. 이 중 Opus 모델이 가장 상위 모델인데 비영어권 언어 능력이 향상되어서 실제로 사용해 보면 사고하는 인격체와 대화하는 느낌으로, 챗GPT와는 또 다른 느낌을 받게 된다.

안쓰로픽은 2024년 6월 새로운 GPT 모델 '클로드 3.5 Sonnet'를 공개했다. 오픈AI가 같은 해 5월 자랑스럽게 공개한 최신 모델 'GPT-4o'를 능가하여 한 달 만에 역전시켰다는 주장이다.

클로드 3.5 모델 제품군도 Opus, Sonnet, Haiku 3종류가 있는데 그 중 첫 번째로 Sonnet를 출시했다. Sonnet는 안쓰로픽의 제품군 중 중간급 모델이다. 가장 강력한 모델인 클로드 3.5 Opus, 경량 모델 클로드 3.5 Haiku도 순차적으로 출시할 예정이다.

챗GPT 5총사 특징 및 기능 비교

기능	오픈AI	제미나이	코파이럿	클로바X	클로드
창의적 텍스트 형식 생성	✓	✓	✓	✓	✓
정보 기반 글쓰기 지원	✓	✓	✓	✓	✓
실시간 번역 및 요약	✓	✓	✓		✓
한국어 특화 기능		✓	✓	✓	✓
개인화된 스타일 및 어조 설정	✓	✓	✓	✓	✓
사실 확인 및 출처 제공	✓	✓	✓		
팀워크 지원	✓	✓	✓		
유료/무료 플랜	✓	✓		✓	

책쓰기에 챗GPT 활용의 한계와 대안

챗GPT와 같은 생성형 AI는 매우 강력하지만 여전히 인식과 이해의 한계를 가지고 있다. 이 모델들은 대량의 텍스트 데이터를 바탕으로 학습된다. 하지만 그 데이터의 맥락이나 미묘한 언어적 뉘앙스를 완전히 이해하지는 못한다. 예를 들어 복잡한 인간 감정이나 특정 문화적 배경을 가진 텍스트를 처리할 때 정확도가 떨어질 수 있다.

AI가 생성한 글이나 아이디어를 참고하여, 자신의 글을 개선하거나 새로운 아이디어를 발전시키는 데 사용해야 한다. 그러나 AI의 결과물을 그대로 사용하지 않고, 비판적으로 검토하고 수정이 필수적이다. 즉, GPT의 결과물은 어디까지나 기계 용어라서 딱딱하고 가슴에서 우러나오는 감정 없이 건조하다. 여기에 자신의 스토리나 의견을 입혀 '나만의 글'로 바꾸어야 한다.

출판계에는 대필 작가가 있다. 어떤 저자에게는 독자들이 궁금해할 내용들이 많은데 저자가 글쓰기에 소질이 없을 경우 대필작가가 저자의 말을 듣고 글을 써준다. 대필 작가는 어디까지나 대필 작가일뿐 결코 저자가 아니다. 저자가 자신의 생각으로 주제를 선정하고 그에 대한 이야기를 잘 전달할 때 대필 작가가 좋은 글을 쓸 수 있는 것처럼 챗GPT를 활용해 책을 쓸 때도 사용자가 명확한 의지와 기준을 갖고 있어야 좋은 글 또는 책이 나온다. 그래야만 그 책은 온전한 나의 책이 될 것이다. 생성된 콘텐츠가 원하는 표준을 충족하는지 확인하기 위해 인간 작가가 프롬프트, 피드백, 수정 사항을 제공하여 챗GPT를 안내하는 감독 생성 프로세스에 참여하여 완성해 나가야만 한다.

챗GPT를 사용할 때 발생하는 문제점 중 하나는 GPT가 내용을 잘 모르는 경우 감쪽같이 다른 정보를 가져다 넣는 '할루시네이션' 가능성이다. 할루시네이션hallucination은 챗GPT와 같은 인공지능 모델이 실제 데이터에 근거하지 않은 정보를 생성해내는 것을 말하는데 이는 인공지능 기술의 발전과 함께 대두되는 문제점 중 하나다.

이를 방지하기 위해서는 인공지능 모델이 생성한 정보를 무조건 믿지 않고, 사용자가 직접 검증하고 판단하는 것이 중요하다. 최근에는 챗GPT가 해당 정보 제공의 근거를 링크 형태로 제시해 주는 경우가 많은 바, 데이터 수집 및 정제 과정에서 출처를 확인하고, 중복되거나 오류가 있는 데이터를 체크하여 제거해야 한다. 챗GPT로 글쓰기를 하는 데 한계를 극복해 나가기 위해서는 다음과 같은 노력을 함께 해나가야만 한다.

1) 컨텍스트 강화와 지속적 학습

이 한계를 극복하기 위해서는 챗GPT를 사용하는 작가나 콘텐츠 제작자가 AI에 더 많은 맥락을 제공하고 지속적으로 피드백을 주어야 한다. AI의 학습 데이터를 지속적으로 업데이트하고 특히 다양한 문화적 배경과 감정을 포함시키는 것이 중요하다. 이를 통해 AI는 더 넓은 범위의 텍스트와 상황에 대해 더욱 정확하게 반응할 수 있다.

AI는 데이터와 알고리즘을 기반으로 작동하므로 기본적으로 인간의 창의적인 사고를 완벽히 모방할 수 없다. 챗GPT는 주어진 데이터 내에서 패턴을 인식하고 그에 따라 텍스트를 생성한다. 완전히 새로운 아이디어나 창의적인 생각을 독자적으로 내놓는 데는 한계가 있다.

2) 인간과 AI의 협업 강화

창의성의 한계를 극복하는 가장 효과적인 방법은 인간과 AI가 협력하는 것이다. 작가는 AI가 제안하는 내용을 기반으로 새로운 아이디어를 발전시키거나 조정할 수 있다. 또한 다양한 창의적인 방법론을 AI에 적용하여 AI가 보다 유연하게 창의적인 출력을 할 수 있도록 도울 수 있다.

창의성의 한계를 극복하는 가장 효과적인 방법은 인간과 AI가 협력하는 것이다. 작가는 AI가 제안하는 내용을 기반으로 새로운 아이디어를 발전시키거나 조정할 수 있다. 다양한 창의적인 방법론을 AI에 적용하여 AI가 보다 유연하게 창의적인 출력을 할 수 있도록 도울 수 있다. 인간 작가는 챗GPT가 부족할 수 있는 텍스트에 깊이, 독창성 및 개인적인 손길을 추가할 수 있다. 이를 좀 더 구체적으로 활용하는 예를 든다면 다음과 같다.

① **브레인스토밍 도구로 AI 활용**: 글을 쓰기 전 아이디어를 모으는 단계에서 AI를 사용하여 다양한 주제와 아이디어를 탐색한다. 예를 들어, 소설의 플롯을 구상할 때 여러 가지 플롯 아이디어를 제시 받아 이를 조합하거나 변형해 최종 결정을 내릴 수 있다.

② **글 초안 작성 보조**: 글의 첫 번째 초안을 작성할 때 AI의 도움을 받아 시간과 노력을 절약해 준다. 그러나 초안 이후의 수정 및 편집 과정에서는 자신의 창의력과 글쓰기 스타일을 반영하여 최종 글을 완성한다.

③ **감정이입 하기**: AI가 쓴 글은 인간과 달리 감정표현에 한계가 있어 글이 기계적이고 드라이하다. 다시 말하면 명석한 머리만 있을 뿐 따뜻한

가슴이 없다. 미리 학습한 정보 내에서 정해진 답만 주기 때문에 창의성이 떨어지고 그 이상의 고민을 하지 않는다. 즉, 땀을 흘리지 않는다. 이 부분은 오롯이 인간 작가의 몫이다. AI가 제공한 자료를 단순히 복사하는 것이 아니라, 자신만의 관점과 해석을 덧붙여 글을 작성해야 한다.

3) 다양성과 객관성 강화

AI는 학습한 데이터에 크게 의존하기 때문에 데이터에 내재된 편향이 결과물에 영향을 미칠 수 있다. 이는 콘텐츠의 객관성과 다양성을 저해할 수 있으며 특히 사회적으로 민감한 주제를 다룰 때 문제가 될 수 있다.

데이터 편향을 해소하기 위해서는 훈련 데이터의 다양성을 확보하는 것이 필수적이다. 다양한 인구 집단, 다양한 문화적 배경을 반영한 데이터를 사용하여 AI를 훈련시키고 AI의 출력을 정기적으로 검토하여 편향을 수정해야 한다. 이를 통해 AI가 보다 객관적이고 공정한 콘텐츠를 생성할 수 있도록 도울 수 있다.

챗GPT를 포함한 생성형 AI의 활용은 많은 잠재력을 지니고 있다. 그 한계와 문제점을 인식하고 이에 대한 적절한 대책을 마련하는 것이 중요하다. 이런 대책을 통해 AI의 효용성을 극대화하고 글쓰기와 책 출판 과정에서 더욱 효과적으로 활용할 수 있다. 특정 주제나 글쓰기 스타일에 대해 챗GPT를 지속적으로 훈련하고 미세 조정하여 성능을 개선하면 시간이 지남에 따라 더욱 정확하고 관련성이 높은 콘텐츠를 생성하게 된다

4) 사실 확인 및 표절 탐지

사실 확인 도구 및 리소스를 사용하여 챗GPT에서 생성된 정보의 정확성을 확인하는 과정이 필요하다. 챗GPT는 잘못된 정보라도 문장을 완성하기 위해서 감쪽같이 속이는 경우가 빈번하다. 특히 데이터나 통계처리 수치 등은 면밀히 체크할 필요가 있다. 인간 작가는 정보를 상호 참조하고 출판 전에 신뢰할 만한 내용인지 확인해야 한다.

특히 표절 탐지 소프트웨어를 사용하여 생성된 콘텐츠에서 의도하지 않은 표절 사례를 식별하고 해결해야 한다. 최종 텍스트가 원본이고 기존 저작권을 침해하지 않는지 세심한 체크가 필요하다.

생성형 AI로 콘텐츠를 만드는 질문의 힘

챗GPT 시스템 사용 방법

챗GPT 시스템을 사용하는 방법을 이해하는 일은 글쓰기와 책 출판에 있어 중요한 첫걸음이다. 이 섹션에서는 챗GPT의 기본적인 사용법과 효과적인 활용 방안을 소개한다. 챗GPT는 사용자가 입력한 텍스트에 기반하여 응답을 생성하는 AI 기반의 대화 모델이다. 이 시스템은 수백만 개의 문서를 학습하여 언어의 구조와 패턴을 이해하고, 이를 바탕으로 새로운 문장을 생성한다. 사용자는 간단한 텍스트 입력을 통해 챗GPT와 대화를 시작할 수 있으며 AI는 관련성 높고 자연스러운 답변을 내어준다.

챗GPT를 사용하기 위해서는 먼저 OpenAI 공식 웹사이트에 접속한 뒤 구글이나 마이크로소프트 계정을 통해 회원가입을 해야 한다(170쪽 참고). 그리고 가입한 아이디와 비밀번호로 로그인하여 연동된 서비스 플랫폼에 접속한다. 사용자는 자신의 계정을 만들고 필요한 APIApplication Programming Interface 키를 발급받아야 하는데 이 키는 챗GPT와의 상호작용을 위해 필요한 인증 수단으로 API를 통해 챗

오픈AI 사용을 위한 초기 접속화면

GPT 서비스에 접근하게 해준다.

챗GPT 사용 시 활성화 방법

챗GPT의 성능은 사용자가 입력하는 질문의 구성에 크게 의존하게 된다. 따라서 질문은 명확하고 구체적이어야 하며 원하는 답변의 형식에 대한 지시가 포함되어야 한다. 예를 들어 "로맨스 소설의 기본 구조는 무엇입니까?"라는 질문은 챗GPT에게 충분한 정보를 제공하여 관련성 높은 답변을 유도할 수 있다.

또한 챗GPT를 통한 대화는 세션 기반으로 작동하기 때문에 사용자가 세션을 시작할 때마다 챗GPT는 이전 대화의 맥락을 유지하려고 시도한다. 그러나 세션을 재시작하거나 다른 주제로 전환할 때는 새로 세션을 시작라는 'New chat' 표시를 눌러 다시 시작하는 것이 좋다. 이 시스템은 앞에 진행된 내용을 모두 기억하고 있기 때문에 반복적인 사용을 통해 챗GPT의 응답 패턴을 이해하고 보다 효과적으로 활용할 수 있다.

챗GPT는 다양한 형태의 출력을 지원해 주기 때문에 사용자는 응답을 문단, 목록, 코드 블록 등 다양한 형태로 요청할 수 있다. 이는 글쓰기의 다양한 요구 사항에 맞춰 유연하게 대응할 수 있게 해준다. 챗GPT의 사용 방법을 숙지하는 것은 글쓰기 프로젝트에 있어 AI를 효과적으로 활용하는 데 중요한 기초가 된다. 이러한 지식은 챗GPT를 글쓰기의 강력한 도구로 만들어 줄 것이며 다양한 콘텐츠 생성 작업에 큰 도움이 될 것이다. 이외에도 다양한 기능과 활용법에 대해서 소개한다.

1) 특정 주제에 대한 전문성 활용

챗GPT는 다양한 주제에 대한 정보를 줄 수 있다. 특히 전문적인 주제에 대해 더 깊이 있는 정보를 요구할 때는 프롬프트를 세분화하는 전략이 필요하다. 예를 들어 법률이나 의학과 같은 전문 분야에서는 관련 전문 용어를 사용하고 구체적인 사례나 질문을 포함시키는 것이 효과적이다. 이를 통해 챗GPT는 더 정확하고 상세한 정보를 제공할 수 있다.

2) 다양한 형식의 콘텐츠 생성

챗GPT를 활용하여 단순한 텍스트 응답뿐만 아니라 인터뷰, 대화 형식, 토론, 설명적인 문서 등 다양한 형식의 콘텐츠를 생성할 수 있다. 예를 들어 사용자가 인터뷰 형식의 문서를 작성하고자 할 때 챗

GPT에게 가상의 인터뷰어와 응답자 역할을 수행하도록 요청할 수 있는데 이는 특히 실제 인터뷰를 준비하는 데 유용하게 사용될 수 있다.

3) 상황별 맞춤형 응답 설정

챗GPT는 주어진 프롬프트에 따라 매우 다양한 스타일과 톤으로 응답을 생성할 수 있다. 글쓰기 목적에 따라 적절한 톤 설정을 요청하는 것이 중요하다. 예를 들어 공식적인 보고서를 작성할 때는 정제된 언어와 전문적인 표현을 사용하도록 설정할 수 있다. 친근한 블로그 포스팅을 위해서는 보다 대화적이고 친근한 톤을 선택할 수 있다.

4) 피드백 반복을 통한 개선

챗GPT와의 상호작용은 반복적인 피드백을 통해 점차 개선될 수 있다. AI의 첫 번째 응답이 만족스럽지 않다면 어떻게 할까? 보다 구체적인 지시를 추가하거나 다른 방식으로 질문을 재구성함으로써 원하는 결과를 얻을 수 있다. 이 과정에서 사용자의 지속적인 피드백은 챗GPT가 특정 사용자의 스타일과 요구를 더 잘 이해하게 만들어 더욱 맞춤화된 응답을 생성하도록 도와준다.

5) 데이터 보안과 개인정보 보호

챗GPT를 사용할 때는 데이터 보안과 개인정보 보호가 중요한 고려사항이다. 특히 민감한 정보를 다룰 경우, 챗GPT의 사용이 데이터 보호 규정을 준수하도록 설정해야 한다. 이는 API 사용 설정을 통해 관리할 수 있으며 필요한 경우 OpenAI의 지원팀과 상의하여 최선의 보안 조치를 취할 수 있다.

이처럼 심화된 사용 방법과 전략을 통해 챗GPT는 글쓰기 프로젝트에서 보다 효과적이고 유용한 도구로 활용될 수 있다. 적절한 사용법을 숙지하고 주어진 상황에 맞게 AI를 조정함으로써 사용자는 최대의 효과를 경험할 수 있을 것이다.

상황별 챗GPT 질문법프롬프트

챗GPT의 효과적인 활용은 적절한 질문법 또는 프롬프트 설정에 달려 있다. 다양한 상황에서 챗GPT에게 최적의 응답을 얻기 위해서는 상황에 맞는 질문법을 잘 익혀야 한다. 이 섹션에서는 특정 상황에 적합한 프롬프트를 구성하는 방법을 살펴보고자 한다.

챗GPT에게 효과적인 질문을 하기 위해서는 우선 명확하고 구체적인 질문을 해야 한다. 질문은 가능한 한 간결하게 하되 필요한 모든 정보를 포함시켜야 한다. 예를 들어 "이야기 쓰기에 좋은 팁이 뭐야?"보다는 "초보 작가가 판타지 소설을 쓸 때 유의해야 할 팁을 알려줘"라고 질문하는 것이 더 구체적이고 명확한 답변을 이끌어낼 수 있다.

〈상황에 따른 질문법〉

① 창의적 글쓰기

"1920년대 파리를 배경으로 하는 로맨스 소설의 개요를 생성해줘."

"미래 도시에서 벌어지는 액션 소설의 주요 충돌과 클라이맥스 시나리오를 제안해줘."

② 학술적 글쓰기

"기후 변화가 해양 생태계에 미치는 영향에 대한 최신 연구 결과를 요약해줘."

"인공지능의 윤리적 문제에 대해 다룬 최근의 학술 논문을 소개해줘."

③ 비즈니스 및 기술 글쓰기

"소프트웨어 개발 프로젝트 관리에서 애자일 방법론의 이점을 설명해줘."

"2023년 디지털 마케팅 트렌드에 대한 포괄적인 보고서를 작성해줘."

④ 질문 최적화 기술

·**키워드 강조**: 질문에 중요한 키워드를 강조하여 AI가 질문의 핵심을 파악할 수 있도록 한다.

·**문맥 제공**: 질문에 충분한 배경 정보를 제공하여 AI가 보다 정확한 맥락에서 답변을 할 수 있도록 한다.

·**명확한 목표 설정**: AI에게 원하는 정보의 형식예: 리스트, 설명, 요약을 명시적으로 지정해 주면 좋다.

⑤ 반복적인 질문 개선

챗GPT와의 대화는 동적인 프로세스이므로 초기의 응답이 만족스럽지 않다면 질문을 조정하거나 추가적인 정보를 제공하여 개선된 답변을 얻을 수 있다. 이 과정을 통해 점차 더 효과적으로 챗GPT를 사용하는 방법을 익힐 수 있다.

상황별 적절한 질문법을 마스터함으로써 챗GPT를 사용하는 사용자는 다양한 글쓰기 상황에서 매우 유용하고 효과적인 결과를 얻을 수 있다. 이는 글쓰기의 질을 향상시키는 데 크게 기여하며 시간과 노력을 절약하는 데도 도움을 준다.

〈연쇄 질문법〉

연쇄 질문법은 챗GPT와 같은 AI 대화 시스템을 사용할 때 하나의 질문이 아닌 일련의 관련 질문을 연속적으로 제시하여 정보의 깊이와 범위를 확장하는 전략이다. 이 기법은 복잡한 주제나 깊이 있는 분석이 필요한 경우에 특히 유용하다. AI의 반응을 기반으로 추가 질문을 발전시키는 방식으로 진행된다.

연쇄 질문의 필요성은 복잡한 주제를 탐구할 때 단일 질문으로는 충분한 정보를 얻기 어려울 때에 있다. 연쇄 질문법을 사용하면, 주제에 대한 다양한 측면을 탐구하고 AI의 답변을 통해 새로운 질문을 생성할 수 있다. 특히 연구, 학술 글쓰기, 기술 문서 작성 등에서 더 깊이 있는 이해와 분석을 가능하게 해준다.

① 연쇄 질문법의 구현

·기초 질문 설정: 주제에 대한 기초적인 이해를 돕는 질문으로 시작한다.

  ▶ 예: "기후 변화의 주요 원인은 무엇인가요?"

·**세부 정보 추적**: 기초 답변을 받은 후 그 내용에 대해 더욱 구체적인 질문을 한다.

▶ 예: "이러한 원인들이 글로벌 온도 상승에 어떤 영향을 미치나요?"

·**인과 관계 및 결과 질문**: 세부적인 정보에 대한 이해를 바탕으로 그 결과나 영향에 대한 질문을 한다.

▶ 예: "온도 상승이 생태계에 미치는 영향은 무엇인가요?"

·**심화 분석 요구**: 주제에 대한 폭넓은 이해를 위해 더 심화된 분석이나 예시를 요구하는 질문을 한다.

▶ 예: "비슷한 기후 변화 사례에서 취해진 효과적인 대응 전략은 무엇이었나요?"

② 연쇄 질문법의 장점

깊이 있는 정보 획득을 위해서 연쇄적으로 질문을 발전시키며 주제에 대해 더 깊이 파고들 수 있다. 아울러 질문의 순서와 구조를 통해 정보를 체계적으로 이해하고 정리할 수 있다. AI의 답변을 바탕으로 질문을 유동적으로 조정하며 보다 정확하고 유용한 정보를 얻을 수 있다.

③ 실제 적용 가능 분야

연쇄 질문법은 글쓰기뿐만 아니라 프레젠테이션 준비, 논문 작성, 기술적 분석 등 다양한 분야에서 활용될 수 있다. AI와의 상호작용을 통해 질문을 계속해서 발전시키고 이 과정에서 얻은 인사이트를 문서화하여 깊이 있는 콘텐츠를 생성할 수 있다.

연쇄 질문법은 챗GPT와 같은 AI 시스템을 활용하여 복잡한 주제를 탐구하는 데 있어 강력한 도구가 될 수 있다. 이 방법은 사용자가 주제에 대해 보다 광범위하고 깊이 있는 이해를 구축할 수 있도록 도와준다.

효과적인 프롬프트 구성을 위한 6가지 요소

생성형 AI 모델인 챗GPT를 사용할 때, 프롬프트를 잘 구성하면 더 나은 결과를 얻을 수 있다. 프롬프트를 구성할 때 효과적인 방법을 여러 가지가 있지만 다음의 Jeff Su가 제시한 6가지 구성요소를 감안해서 작성하면 아주 효과적이다.

1. 명령 [task]

프롬프트에는 반드시 명령이 포함되어야 한다. 예를 들어 "요약해 줘" 또는 "찾아봐 줘"와 같이 서술어로 기술해야 하며, 자세한 답변을 원한다면 한 번에 한 가지 명령만 주는 것이 좋다.

2. 맥락 [context]

상황을 잘 설명해야 한다. 어떤 배경인지, 어떤 조건이나 규칙이 있는지, 최종적으로 어떤 결과물이 나와야 하는지를 자세히 설명해 주어야 하며 상황을 구체적으로 잡아줄수록 챗GPT가 맥락을 이해하기 쉬워져서 좋은 답변을 해준다.

3. 페르소나 [persona]

해당 문제를 가장 잘 해결할 수 있을 만한 사람이 누구인지 가정하고, 그 역할을 맡아서 대화하라고 하면 좋다. 예를 들어 "초보작가 입장에서 답변해줘"라고 하면 전문작가가 아닌 글쓰기에 초보자 입장에서 알기 쉬운 용어로 답변이 나온다. 페르소나가 구체적일수록 전문영역에 가까운 답을 제공해준다.

4. 예시 [example]

문제와 관련된 예시를 1~2개 정도 프롬프트에 넣어주면 챗GPT가 예시를 기반으로 답변을 작성해 준다. 무료 버전에선 텍스트로 예시를 주고, 유료 버전에선 웹링크나 파일도 첨부할 수 있다.

5. 포맷 [format]

결과물의 형식이나 분량, 내용 구성을 미리 지정해 주면 좋다. 표 형식으로 달리해 달라거나 마크다운으로 작성하라고 하거나, 아웃라인을 주면서 어떤 식으로 구성하라고 말해주면 된다.

6. 어조 [tone]

결과물의 어조도 정할 수 있다. '간단명료하게', '친근한 말투로' 같은 형용사를 주거나, 어떤 예시 텍스트의 어조를 따라하라고 하면 된다. 이렇게 프롬프트에 여러 요소를 잘 녹여내면 챗GPT의 능력을 최대한 이끌어낼 수 있다.

– 출처: Jeff Su

챗GPT로 하루 만에 책 한 권 쓰기 실전

서문과 에필로그 쓰기와 실전 프롬프트

1) 서문과 에필로그의 중요성

서문과 에필로그는 책의 첫인상과 마지막 인상을 결정짓는 중요한 부분이다. 서문은 독자에게 책의 목적과 내용을 소개한다. 에필로그는 전체적인 내용을 마무리하며 독자에게 남길 메시지를 정리해야 한다. 이 두 부분을 효과적으로 작성하는 것은 독자의 이해를 돕고, 책의 주제와 메시지를 강화하는 데 중요한 역할을 해주는데 실제로 독자들이 책을 선택할 때 서문이나 에필로그를 먼저 읽어보고 결정하기 때문에 중요하다.

서문을 쓸 때 포함할 내용은 출간의 목적과 주제, 저자의 의도와 관점, 책의 구성과 내용, 독자에게 전하는 메시지, 책의 한계와 보완점, 감사의 말 등을 포함시켜야 한다. 특히 책의 목적과 주제를 명확하게 제시하여 독자가 책을 읽기 전에 책의 내용을 미리 파악할 수 있도록 도와야 한다. 또 저자의 의도와 관점을 밝혀 독자가 책을 읽으면서 저자의 의도와 관점을 이해할 수 있도록 해야 한다.

또한 책의 구성과 내용을 소개하여 독자가 자신이 원하는 내용을 쉽게 찾을 수 있도록 도와야 한다. 독자에게 전하고 싶은 메시지를 강조하여 독자가 책을 읽으면서 자신의 삶에 적용할 수 있는 교훈을 얻을 수 있도록 해야 한다. 마지막으로 책을 쓰는 데 도움을 준 사람들에게 감사의 말을 전하여 독자가 책을 읽으면서 저자의 노력과 열정을 느낄 수 있도록 해야 한다.

에필로그는 책의 마지막 부분이다. 책의 요약과 마무리, 저자의 생각과 느낌, 독자에게 전하는 메시지, 책의 미래와 전망, 감사의 말 등을 포함한다. 책의 내용을 요약하고 마무리하는 내용을 담아 독자가 책을 읽으면서 얻은 지식과 교훈을 다시 한번 정리할 수 있도록 도와야 한다. 책을 쓰면서 든 생각과 느낌을 담아 독자가 책을 읽으면서 저자가 책을 쓰게 된 의도나 목적을 쉽게 이해할 수 있도록 해야 한다. 에필로그는 책의 내용을 마무리하고 독자에게 여운을 남기는 역할을 하므로 독자의 관심을 끌 수 있는 내용을 포함하는 것이 좋다.

2) 서문 작성을 위한 실전 프롬프트

① **책의 목적 설명하기:** "이 책이 다루고자 하는 주제와 독자가 이 책을 통해 얻을 수 있는 구체적인 이점을 설명해줘."

② **주요 내용 소개:** "이 책의 주요 내용과 각 장에서 다룰 주제들을 간략하게 소개해줘."

③ **저자의 개인적 동기 부여하기:** "저자의 개인적인 이야기나 경험을 통해 독자에게 감동을 줄 수 있는 서문을 작성해줘."

3) 에필로그 작성을 위한 실전 프롬프트

① **주요 메시지 요약**: "이 책에서 다룬 주요 주제와 핵심 메시지를 요약하여 에필로그에 담아줘."

② **독자에 대한 감사 표현**: "독자가 책을 읽어준 것에 대한 감사의 메시지를 포함한 에필로그를 작성해줘."

③ **향후 행동 촉구**: "독자가 이 책의 메시지를 실생활에 어떻게 적용할 수 있을지 구체적인 조언과 촉구의 메시지를 에필로그에 포함시켜줘."

4) 서문과 에필로그 작성 팁

① **목적에 맞게 작성**: 서문은 독자가 책을 읽어야 하는 이유를 명확히 해야 한다. 에필로그는 책을 읽은 후 독자가 느낄 수 있는 감정이나 행동을 고려해야 한다.

② **감성적 접근**: 특히 에필로그에서는 독자의 감성에 호소할 수 있는 요소를 포함시키는 것이 좋다.

③ **명확하고 간결하게**: 두 부분 모두 너무 길지 않게 하되 필요한 정보와 메시지는 충분히 전달되도록 해야 한다.

서문과 에필로그는 책의 흐름을 만들고 마무리 짓는 데 중요한 역할을 해준다. 적절한 프롬프트를 사용하여 챗GPT와 같은 AI 도구를 활용하면 이러한 부분을 보다 효과적으로 구성할 수 있으며 독자에게 더욱 깊은 인상을 남길 수 있다.

목차 및 소제목 50개 쓰기

목차장 제목와 소제목서브토픽은 책의 구조를 구성하고 각 부분에서 다룰 내용을 체계적으로 일목요연하게 보여주는 역할을 해준다. 아래는 상상의 책 《하루만에 책 한 권 쓰기: 챗GPT의 활용》의 목차 5장 구성 및 소제목 50개 예시다. 이 목차는 책쓰기의 모든 단계를 포괄하며 챗GPT를 활용한 효율적인 책 작성 방법에 초점을 맞추고 있다.

제목: 챗GPT의 활용 하루 만에 책 한 권 쓰기

1장. 챗GPT와 함께하는 책쓰기

1.1 챗GPT 소개: 인공지능 글쓰기의 혁명

1.2 하루 만에 책쓰기: 가능한가?

1.3 책쓰기의 새로운 패러다임

1.4 챗GPT를 활용한 글쓰기의 이점

1.5 챗GPT와 인간 작가의 협업

1.6 챗GPT 활용 전 전략적 준비

1.7 타깃 독자 정의하기

1.8 주제 선정과 메시지 결정

1.9 아이디어 브레인스토밍 기법

1.10 구조화: 체계적인 책의 틀 만들기

2장. 챗GPT로 초안 작성하기

2.1 챗GPT를 이용한 초안 작성 방법

4장. 디자인과 포맷팅

4.1 책의 시각적 요소 결정하기

4.2 삽화와 이미지의 선택

4.3 레이아웃과 디자인의 기초

4.4 효과적인 책 표지 디자인

4.5 글꼴과 타이포그래피의 선택

4.6 책의 구조와 포맷팅 기법

4.7 전자책과 인쇄책의 차이점

4.8 인쇄 준비 과정

4.9 출판 포맷의 최종 결정

4.10 출판 전 시각적 요소의 최종 검토

5장. 출판과 마케팅

5.1 출판 준비: 자가 출판 vs 전통 출판

5.2 출판 경로 결정하기

5.3 책 출시 전 마케팅 전략

5.4 소셜 미디어와 디지털 마케팅

5.5 북 투어와 이벤트 기획

5.6 리뷰와 피드백의 활용

5.7 판매 채널 선택과 관리

5.8 독자와의 소통 유지

5.9 장기적인 판매 전략

5.10 출판 후의 경험 분석 및 향후 계획

이 목차와 서브타이틀은 책쓰기의 전 과정을 다루며 챗GPT를 활용한 효과적인 접근 방식을 제시해 주고 있다. 각 장은 주제별로 구체적인 세부사항을 포함하여 독자가 책을 실제로 하루 만에 작성할 수 있도록 안내한다.

전체 목차와 서브타이틀은 책이라는 집을 짓기 위한 논리적이고 체계적인 설계도이므로 특정 주제에 대해 5개의 장 제목과 각 장에 10개의 서브타이틀을 생성하기 위한 프롬프트는 다음과 같다.

Q 프롬프트

"(   ) 주제에 대해서 5개의 챕터(장)와 각 챕터는 10개의 서브 타이틀(소목차)로 구성된 목차를 작성하라."

소제목 50개 작성 실전 프롬프트

이 목록은 '하루 만에 책 한 권 쓰기 챗GPT의 활용'을 위한 소제목을 실전 프롬프트 형태로 제공하고 있다. 각 소제목은 챗GPT를 사용하여 특정 부분의 콘텐츠를 개발하는 데 도움이 될 구체적인 질문이나 지시를 포함하고 있다.

1장: 챗GPT와 함께하는 책쓰기

"챗GPT를 소개하면서 이 기술이 글쓰기에 어떤 혁신을 가져왔는지 설명해줘."

"하루 만에 책을 작성하는 과정의 개요를 제공해줘."

"챗GPT를 사용하는 주된 이점을 목록 형태로 나열해줘."

"인공지능과 인간 작가가 협업하는 모델의 장점을 설명해줘."

"챗GPT 작업을 시작하기 전에 필요한 전략적 준비 사항을 요약해줘."

"독자를 정의하고 타깃팅하는 방법을 설명해줘."

"책의 주제와 메시지를 어떻게 설정할지 구체적인 단계를 제시해줘."

"효과적인 아이디어 브레인스토밍 기법을 설명해줘."

"책의 구조를 체계적으로 개발하는 방법을 안내해줘."

"완성된 책의 구조를 예시와 함께 설명해줘."

2장: 챗GPT로 초안 작성하기

"초안을 작성할 때 챗GPT를 활용하는 단계별 프로세스를 설명해줘."

"각 장의 핵심 아이디어를 설정하는 방법을 상세하게 안내해줘."

"챗GPT와 대화하면서 글을 작성하는 예시 대화를 만들어줘."

"글쓰기의 효율을 최대화하기 위한 전략을 제공해줘."

"문단 구성을 위한 팁과 트릭을 제공해줘."

"스토리텔링 요소를 강화하기 위한 챗GPT의 사용 방법을 설명해줘."

"인용구와 데이터를 어떻게 효과적으로 통합할지 방법을 제시해줘."

"책의 일관된 흐름을 유지하는 기술을 안내해줘."

"소제목을 통해 내용을 구분하는 방법을 설명해줘."

"초안의 각 부분이 서로 어떻게 연결되어야 하는지 설명해줘."

3장: 내용 다듬기-수정과 편집

"챗GPT로 내용을 수정하는 구체적인 절차를 설명해줘."

"문법과 스타일을 점검하는 AI 도구의 사용 방법을 안내해줘."

"명확성과 투명성을 높이기 위한 편집 팁을 제공해줘."

"일관된 스타일과 톤을 유지하는 전략을 설명해줘."

"데이터 검증과 사실 확인을 위한 프로세스를 안내해줘."

"피드백을 통해 콘텐츠를 어떻게 개선할지 단계를 제시해줘."

"편집 후 내용을 어떻게 재구성할지 방법을 설명해줘."

"에필로그와 서문을 최종적으로 편집하는 방법을 제시해줘."

"초안과 최종본을 비교 분석하는 방법을 설명해줘."

"출판 전 마지막 점검을 어떻게 진행할지 안내해줘."

4장: 디자인과 포맷팅

"책의 시각적 요소를 결정하는 방법을 설명해줘."

"효과적인 삽화와 이미지 선택 기준을 제공해줘."

"책의 레이아웃과 디자인 기본 원칙을 설명해줘."

"표지 디자인의 중요성과 구성 요소를 안내해줘."

"글꼴과 타이포그래피 선택을 위한 가이드라인을 제공해줘."

"책의 구조적 포맷팅을 어떻게 할지 상세히 설명해줘."

"전자책과 인쇄책 포맷의 차이점을 비교 설명해줘."

"인쇄 준비 과정에 필요한 사항을 체크리스트 형태로 제공해줘."

"출판 포맷을 결정하기 위한 고려사항을 설명해줘."

"시각적 요소의 최종 검토를 어떻게 진행할지 방법을 안내해줘."

5장: 출판과 마케팅

"자가 출판과 전통 출판의 장단점을 비교해줘."

"적합한 출판 경로를 선택하는 기준을 설명해줘."

"출시 전 마케팅 전략의 구성 요소를 안내해줘."

"소셜 미디어를 이용한 책 홍보 방법을 제시해줘."

"북 투어와 이벤트를 성공적으로 기획하는 방법을 설명해줘."

"온라인 리뷰를 관리하고 활용하는 전략을 제공해줘."

"판매 채널과 배급 전략을 어떻게 결정할지 안내해줘."

"독자와의 지속적인 소통 방법을 설명해줘."

"장기적인 판매 전략을 개발하는 방법을 제시해줘."

"출판 후 경험과 향후 계획을 평가하는 방법을 안내해줘."

이러한 프롬프트는 챗GPT를 활용하여 구체적인 책쓰기 과정에서 필요한 각 단계의 내용을 심도 있게 개발하는 데 도움을 줄 것이다.

초안 완성하기 - A4 100쪽 분량

초안 완성은 책쓰기 과정의 핵심 단계다. 본 장에서는 챗GPT를 활용하여 A4 100쪽 분량의 초안을 효율적으로 작성하는 방법에 대해 설명해 준다. 이 과정은 계획, 구성, 작성, 검토의 순서로 진행된다.

1) 초안 작성 전 계획

먼저 목표 설정은 책 한 권 250쪽 전후의 분량이 되는 A4 100쪽의 목표를 명확히 설정하는데 이는 대략 50,000~55,000단어에 해당된다. 이후 총 작업 시간을 계산하고 일일 작성 목표를 설정한다. 예를 들어 하루 10쪽씩 10일에 걸쳐 작성 계획을 세울 수 있다.

한 권의 책을 완성하려면 책의 구조를 확립하고 각 장과 소제목을 정리해야 한다. 이는 초안 작성의 지침서 역할을 한다.

2) 작성 과정

각 장의 주요 아이디어와 이미 정해진 소제목에 따라 챗GPT를 활용하여 내용을 생성한다. 프롬프트를 사용하여 챗GPT에 명확한 지시를 내려야 한다. 전체 문서를 통해 일관된 스타일과 톤을 유지하도록 노력해야 하고 챗GPT의 스타일 조정 기능을 활용하여 텍스트의 일관성을 관리하도록 해야만 한다. 이 과정에서 필요한 정보, 데이터, 인용구를 추가하여 텍스트에 심도와 신뢰성을 부여하도록 해야 한다.

3) 검토 및 수정

이 글은 어디까지나 기계가 일방적으로 써놓은 글이기 때문에 각 장을 개별적으로 검토하고 내용의 흐름과 논리적 일관성을 확인해야만 한다. 비교적 챗GPT가 쓴 글은 문법 오류, 오탈자는 비교적 적은 편이나 문체의 일관성 등을 점검해야 한다. 다른 문법 검사 도구를 활용할 수도 있다. 본인이 쓴 글은 본인이 오히려 정확히 문제점을 알기 어렵기 때문에 가능하다면 타인에게 초안을 읽어달라고 요청하고 제공된 피드백을 반영하여 개선하는 노력이 필요하다.

4) 완성 단계

전체 문서를 다시 한번 검토하여 모든 장이 목표와 일치하는지 확인해야만 한다. 또한 문서의 포맷을 최종적으로 조정한다. 필요한 시각적 요소를 추가하여 독자들이 읽기 쉽도록 해주어야 한다. 원고가 잘 보관될 수 있도록 하기 위해 완성된 초안을 안전하게 저장하고 여러 위치에 백업을 생성해 둔다.

초안 완성은 책쓰기의 중요한 단계 중 하나다. 초안이 완성되었다면 큰 고비를 넘겼다고 할 수 있다. 챗GPT와 같은 도구를 활용하여 이 과정을 효과적으로 관리할 수 있다. 체계적인 계획과 명확한 지침을 따르는 것이 성공적인 초안 작성의 열쇠다. 책 한 권의 분량에 해당하는 A4 100쪽의 초안을 완성하는 것은 단순히 글을 쓰는 것 이상의 의미가 있다. 작가로서의 능력을 발휘하여 책 출간에 대한 자신감을 갖도록 해주고 일관된 품질의 콘텐츠를 제공하는 기회를 제공하기 때문이다.

작성된 초안을 AI 활용하여 다듬기

초안을 다듬는 작업은 글의 품질을 결정짓는 중요한 과정이다. 이 단계에서는 문법 오류의 수정, 문장 구조의 개선, 스타일과 톤의 일관성 확보 등이 이루어진다. 전반적인 내용의 논리성과 설득력을 강화해야 한다. 챗GPT가 쓴 초안은 어디까지나 기계가 쓴 글이다 보니 논리적이기는 하지만 딱딱하고 인간적인 온기가 없어 글 전체가 드라이할 수밖에 없다. 특히 개인적인 경험이나 생각을 알기 쉽고 독자들이 읽기 쉬운 방법 중인 하나가 스토리 텔링인데 이 부분은 인간 작가가 보완해야만 완성된 글이 된다.

초안을 다듬는 데 있어 AI 활용의 장점은 이를 사용함으로써 많은 시간을 절약할 수 있다는 점이다. 초안 수정 과정을 효율적으로 진행할 수 있고 AI의 정확성은 인간의 눈으로 감지하기 어려운 많은 오류를 감지하고 수정할 수 있게 해준다. 특히 AI는 주관적 판단 없이 일관된 기준에 따라 글을 검토하고 수정하는 역할을 할 수 있다.

초안을 AI로 다듬는 과정은 글의 전문성과 매력을 극대화하기 위한 중요한 단계다. 챗GPT와 같은 도구를 효과적으로 활용함으로써 작가는 보다 높은 품질의 콘텐츠를 생성할 수 있다. 이를 통해 독자에게도 더 큰 가치를 선물할 수 있다. AI의 도움을 받아 초안 수정 과정을 체계적으로 관리할 수 있고 이를 통해 작가는 더 나은 작품을 창출할 수 있다.

1) AI 활용 단계

AI 도구를 사용하여 초안의 문법 오류와 맞춤법 실수를 자동으로 검출하고 수정한다. 이는 글의 전문성을 높이고 독자의 신뢰를 얻는 데 기여한다.

2) 문장 구조 개선

챗GPT를 활용하여 복잡하거나 어색한 문장을 더 간결하고 명확하게 다듬어주어야 한다. AI는 다양한 대안을 제시하여 최적의 문장 구조를 선택할 수 있도록 도와준다.

3) 스타일과 톤 조정

초안 전체에 걸쳐 일관된 스타일과 톤을 유지하도록 AI를 사용한다. 챗GPT는 특정 독자층이나 출판 목적에 맞는 스타일과 톤을 제안하여 글의 일관성을 보장에 큰 역할을 해준다.

4) 내용의 일관성 점검

AI를 활용하여 내용의 논리적 흐름과 일관성을 점검하며 필요한 경우 AI는 내용을 재배열하거나 추가적인 설명을 제안하여 글의 이해도를 높여주도록 한다.

5) 최종 검토 및 마무리

AI를 사용하여 최종 검토를 진행하고 모든 수정 사항이 반영되었는지 확인한다. 이 단계는 출판 전 마지막 점검으로 글의 완성도를 높이기 위해 필수적 절차다.

톤과 스타일을 위한 편집과 실전 프롬프트
1) 톤과 스타일의 중요성

톤은 저자의 태도와 감정을 반영한다. 독자와의 감정적 연결을 형성해 주며 스타일은 저자의 개성과 문체가 반영된 글쓰기 방식으로 독자의 이해도와 관심을 유지하는 데 중요하다. 저자마다 자기만의 스타일과 문체가 있다. 챗GPT가 쓴 글을 자기만의 톤으로 바꾸려면 시간이 많이 걸리므로 프롬프트를 활용해서 일시에 조정이 가능하다.

2) 톤과 스타일 조정을 위한 실전 프롬프트

① 톤 일치성 검토 요청

"이 장의 톤이 전체 책의 목적과 일치하는지 확인하고, 필요한 조정 사항을 제안해 주세요."

② 스타일 일관성 확인

"이 챕터의 스타일이 책 전체와 일관성이 있는지 검토하고, 스타일을 표준화할 방법을 제시해 주세요."

③ 감정적 톤의 미묘한 조정

"이 섹션의 감정적 톤을 더 친근하고 격려하는 방향으로 수정해 주세요."

④ 문체 간결성 강화

"문체가 너무 장황하거나 복잡한 부분을 간결하고 명확하게 다듬어 주세요."

⑤ 전문 용어 사용 최적화

"전문 용어의 사용이 독자에게 부담을 주지 않도록 검토하고, 필요하다면 보다 일반적인 용어로 대체해 주세요."

⑥ 톤의 다양성 적용

"이 이야기에서 다양한 톤을 사용하여 각 등장인물의 개성을 더욱 부각시켜 주세요."

⑦ 유머 요소 추가

"해당 에피소드에 유머 요소를 추가하여 독자의 관심을 유지하게 해 주세요."

⑧ 설명적 스타일 강화

"복잡한 개념을 설명하는 부분에서 스타일을 더 설명적이고 교육적으로 조정해 주세요."

⑨ 대화식 톤 조정

"이 부분을 대화식 톤으로 재작성하여 독자와의 대화처럼 느껴지도록 만들어 주세요."

⑩ 문체 일관성의 최종 점검

"전체 문서를 통틀어 문체의 일관성을 마지막으로 점검하고, 어떤 부분이 조정되어야 하는지 알려 주세요."

일화를 통한 개인화스토리텔링**와 실전 프롬프트**
1) 스토리텔링의 중요성

스토리텔링은 책을 쓸 때 중요한 요소 중 하나다. 독자에게 이야기를 전달하는 방식이다. 독자의 관심을 끌고 이야기에 몰입하게 만들며 이야기를 생생하게 전달할 수 있다. 챗GPT가 쓴 글은 논리적이고 체계적인 글이기는 하지만 아무래도 딱딱하고 독자로부터 공감하고 흥미를 유발하는 데는 한계가 있게 마련이다.

개인적인 이야기는 독자의 감정과 직접적으로 연결되어 정보를 더 깊이 있고 기억에 남게 해준다. 복잡한 개념이나 데이터를 실제 사례나 이야기 형식으로 설명하면 이해도가 높아진다. 리스트나 사실들보다 스토리텔링은 기억에 오래 남는다. 이를 잘 하기 위해서는 다음과 같은 요소를 고려해야 한다.

- 독자가 공감할 수 있는 이야기를 선택해야 한다.
- 이야기를 흥미롭게 구성해야 한다.
- 인물의 성격과 행동을 잘 묘사해야 한다.
- 이야기의 전개를 예측할 수 없게 만들어야 한다.
- 이야기를 생생하게 전달해야 한다.

이러한 요소를 고려하여 스토리텔링을 하면 독자에게 더욱 친근하게 다가갈 수 있다. 게다가 독자의 관심을 끌고 이야기에 몰입하게 만들 수 있다.

2) 스토리텔링을 위한 실전 프롬프트

① 개인적 경험 공유

"저자의 개인적 경험을 바탕으로 이 주제에 대한 진정성 있는 이야기를 생성해 주세요."

② 역사적 사례 소개

"이 주제와 관련된 역사적 사례를 소개하고, 그것이 현재에 어떤 영향을 미치는지 설명해 주세요."

③ 문제 해결 스토리

"주제와 관련된 특정 문제를 해결한 실제 사례를 설명하고, 그 과정에서 어떤 교훈을 얻었는지 이야기해 주세요."

④ 영감을 주는 인물

"이 주제에 영감을 준 인물의 이야기를 들려주고, 그 인물이 어떻게 독자에게 모범이 될 수 있는지 설명해 주세요."

⑤ 문화적 경험

"다른 문화에서 이 주제를 어떻게 다루는지에 대한 일화를 포함시켜 주세요."

⑥ 성공과 실패의 스토리

"이 주제와 관련하여 경험한 성공과 실패의 사례를 나누고, 각각에서 얻은 교훈을 공유해 주세요."

⑦ 비유와 메타포 사용

"이 주제를 더 잘 이해할 수 있도록 비유나 메타포를 사용하여 설명해 주세요."

⑧ 전환점 이야기

"주제와 관련된 중요한 전환점이 된 사건의 이야기를 풀어 주세요."

⑨ 대화형 스토리텔링

"이 주제에 대한 인터뷰나 대화 형식의 스토리를 만들어 독자가 이야기의 일부인 것처럼 느끼게 해주세요."

자기만의 창의성·독창성 주입과 실전 프롬프트

1) 창의성과 독창성의 중요성

책과 글을 쓰는 데 있어서 창의성과 독창성은 매우 중요하다. 이를 발휘하기 위해서는 다양한 경험과 지식을 쌓아야 한다. 새로운 장소를 방문하거나 새로운 사람들을 만나거나 다양한 분야의 책을 읽는 등의 활동을 통해 다양한 경험과 지식을 쌓을 수 있다.

기존의 문제를 새로운 시각으로 바라보는 것도 중요하다. 다양한 관점에서 문제를 바라보는 연습을 통해 창의성과 독창성을 발휘할 수 있다. 또한 새로운 생각과 아이디어도 중요하다. 다양한 아이디어를 자유롭게 생각하고 이를 구체화하는 연습을 하면서도 타인의 의견을 듣고 수용하는 것도 중요하다.

꾸준한 연습과 노력도 필요하며 매일 조금씩이라도 글쓰기 연습을 하고 자신의 생각을 발전시키는 노력을 해야 하며 창의적인 환경을 조성하는 것도 중요하다. 조용한 장소에서 글을 쓰거나 다양한 예술 작품을 감상하는 등의 활동을 할 수 있다. 이러한 방법들을 통해 창의성과 독창성을 발휘할 수 있다. 책과 글을 쓰는 데 있어서도 더욱 풍부한 내용과 아이디어를 담을 수 있다.

창의성과 독창적인 접근 방식은 독자의 관심을 끌고 기억에 남는 경험을 제공한다. 수많은 책들 사이에서 독창적인 접근은 저자의 작품을 돋보이게 해주면서도 저자의 개인 브랜드를 강화하고 향후 작업에 대한 기대감을 갖게 해준다.

2) 창의성과 독창성 주입을 위한 실전 프롬프트

① 새로운 관점 탐색

"이 주제에 대해 일반적으로 논의되지 않는 새로운 관점을 제시해 주세요."

② 혁신적인 구조 개발

"이 책의 구조를 독특하게 만들기 위한 혁신적인 아이디어를 생성해 주세요."

③ 유니크한 캐릭터 설정

"이야기의 주인공에게 독특한 특성과 배경을 추가하여 캐릭터를 매력적으로 만들어 주세요."

④ 창의적인 언어 사용

"텍스트에 시적인 언어나 독특한 은유로 독자에게 새로운 독서 경험을 제공해 주세요."

⑤ 장르의 경계 넘기

"두 가지 이상의 장르를 혼합하여 이 책에 독특한 톤과 스타일을 만들어 주세요."

⑥ 시각적 요소 통합

"이야기를 강화하기 위해 시각적 요소삽화, 사진, 다이어그램를 어떻게 효과적으로 사용할 수 있을지 설계해 주세요."

⑦ 대화식 내용 개발

"독자가 내용에 직접 참여하도록 유도하는 대화식 요소를 책에 추가해 주세요."

⑧ 문화적 요소의 도입

"다양한 문화에서 영감을 받은 요소를 책에 어떻게 통합할 수 있을지 제안해 주세요."

⑨ 비전통적 서술 방식 적용

"이야기를 비선형적으로 서술하거나 여러 관점을 교차하여 제시하는 방법을 탐색해 주세요."

⑩ 개인적 경험과 연결

"저자의 개인적 경험을 어떻게 창의적으로 책에 반영할 수 있을지 방법을 제시해 주세요."

일관성 점검 및 스타일 다듬기와 실전 프롬프트

1) 일관성의 중요성

·**독자 경험 향상**: 일관된 스타일과 톤은 독자에게 안정적인 독서 경험을 제공하며 메시지의 명확성을 보장한다.

·**전문성 강조**: 내용의 일관성은 저자의 전문성과 신뢰성을 강조하며, 독자의 신뢰를 쌓는 데 중요한 역할을 한다.

·**메시지 전달 강화**: 일관된 메시지 전달은 핵심 주제나 교훈이 독자에게 명확히 전달되도록 돕는다.

2) 일관성 점검 및 스타일 다듬기를 위한 실전 프롬프트

① 내용 일관성 검토

"이 책의 모든 장에서 주제와 주장의 일관성을 검토하고, 편차가 있는 부분에 대한 수정 제안을 해주세요."

② 스타일과 톤 조정

"전체 문서를 통해 스타일과 톤의 일관성을 확인하고, 필요한 조정 사항을 지적해 주세요."

③ 전환점 및 흐름 점검

"책의 각 장과 섹션 간의 전환점을 검토하여 흐름이 자연스럽고 일관되게 유지되는지 확인해 주세요."

④ 용어 사용의 일관성

"전문 용어와 핵심 개념이 일관되게 사용되었는지 검토하고, 일관성이 결여된 부분을 수정해 주세요."

⑤ 문체의 일관성

"다양한 부분에서 사용된 문체가 전체적으로 일관되는지 분석하고, 필요한 문체 조정을 제안해 주세요."

⑥ 인용 및 참조의 일관성

"인용된 자료와 참조가 일관된 형식으로 제공되었는지 확인하고, 형식을 표준화해 주세요."

⑦ 최종 점검

"책의 최종 버전을 검토하여 모든 점검 사항이 반영되었는지 확인하고, 추가 조정이 필요한 부분을 알려 주세요."

초고에서 투고로 전환하기AI와 협업와 실전 프롬프트

1) 투고 전환의 중요성

출판 전 최종 점검을 통해 문서의 품질을 보장하고, 필요한 모든 수정이 완료되었는지 확인하는 과정이다. 출판사에 투고 준비 과정에서의 전문적 접근은 작품의 신뢰성을 높이고 출판사 또는 리더의 기대에 부응하도록 하여 작품이 시장과 독자에게 소개될 준비가 되었는지 확실히 하기 위함이다.

2) 투고 전환을 위한 실전 프롬프트

① 최종 콘텐츠 점검

"책의 모든 내용을 종합적으로 검토하고, 출판 기준에 부합하는지 최종 확인해 주세요."

② 문법 및 스타일 수정

"문법 오류가 없는지, 스타일과 톤이 일관되게 유지되었는지 AI를 활용하여 최종 점검해 주세요."

③ 인용 및 참고 문헌 검토

"인용된 자료와 참고 문헌이 올바르게 기록되었는지 검토하고, 필요한 경우 수정을 제안해 주세요."

④ 저작권 및 법적 사항 확인

"저작권 문제가 없는지, 법적으로 검토가 필요한 부분은 없는지 AI와 협력하여 점검해 주세요."

⑤ 최종 제출 전 마케팅 계획 검토

"출판과 동시에 실행할 마케팅 계획을 검토하고, 필요한 조정을 제안해 주세요."

투고 전환 과정의 AI 활용은 챗GPT와 같은 AI 도구는 이러한 실전 프롬프트를 기반으로 다양한 검토 및 최적화 작업을 자동화하고 오류를 최소화하여 출판 과정을 효율적으로 만들 수 있다. AI는 반복적인 작업과 까다로운 점검 과정을 빠르게 처리하며 저자가 출판 준비에 더 집중할 수 있도록 도와준다.

초고에서 투고로의 전환은 출판 과정의 마지막 단계로 이 단계를 철저히 관리하는 것은 작품의 최종 품질과 시장 성공에 결정적인 영향을 미친다. 챗GPT와 같은 AI 도구를 활용하여 이 과정을 체계적으로 수행하면 투고 준비가 더욱 간소화되고 전문성이 강화 된다.

챗GPT를 활용한 콘텐츠 적용생성사례

챗GPT로 자기계발서 쓰기

챗GPT가 사실에 근거하거나 이미 공개된 많은 정보를 활용할 수 있기 때문에 책을 쓰는 데 있어서 자기계발서가 매우 유리하다고 생각된다. 자기계발서는 독자들에게 개인 성장, 역량 개발 그리고 생활의 질 향상을 목표로 제공되는 콘텐츠를 담고 있다. 챗GPT를 활용하여 자기계발서를 작성하는 경우 인공지능이 제공하는 데이터 기반의 인사이트와 인간 저자의 경험을 결합하여 보다 깊이 있는 지침을 제공할 수 있다. 따라서 이 장에서는 챗GPT를 활용한 자기계발서 콘텐츠 생성 사례를 살펴보도록 한다.

1) 다양한 주제 선정과 초안 작성

챗GPT를 활용하여 자기계발의 다양한 주제를 선정할 수 있다. 예를 들어 시간 관리, 스트레스 감소, 커뮤니케이션 기술 향상 등이 있으며 AI는 관련된 데이터와 연구 결과를 제공하여 주제의 중요성과 관련성을 강조할 수 있다. 또한 챗GPT를 사용하여 얻은 기본 내용을 확장할 수 있다. 예를 들어 시간 관리 기술을 다룰 때 다양한 직업군과 생활 패턴에 맞는 조언을 추가로 생성할 수 있다.

초안 작성 단계에서는 챗GPT에 주제별로 상세한 콘텐츠 아이디어를 생성하도록 요청한다. AI는 각 주제에 맞는 구체적인 조언, 일화 그리고 실행 가능한 전략을 제시하여 초안을 구성해 준다.

2) 다양하고 전문적인 정보 수집

챗GPT는 인터넷에서 수집한 다양한 정보를 활용할 수 있다. 자기계발서를 쓰는 데 필요한 정보를 빠르게 수집하고 이를 바탕으로 글을 쉽게 작성할 수 있다. 예를 들어 자기계발서의 주제가 '효율적인 시간 관리'라면 챗GPT는 시간 관리에 대한 다양한 정보수집은 물론이고 시간관리에 대한 보고서나 연구논문 등을 찾아서 인용할 수 있게 시간 관리 방법을 제시할 수 있다.

3) 문장 생성 능력

챗GPT는 문장 생성 능력이 뛰어나기 때문에 자기계발서를 쓰는 데 필요한 문장을 매우 빠른 속도로 자동 생성해 주어 글을 쓰는 시간을 획기적으로 단축할 수 있다. 예를 들어 자기 계발서의 주제가 '목표 달성'이라면, 챗GPT는 목표 달성에 대한 문장을 자동으로 생성해 줄 수 있다.

4) 글의 일관성 유지

챗GPT는 글의 일관성을 유지하는 데 도움을 주기 때문에 글의 주제와 내용에 맞게 문장을 생성해 주어 글의 일관성이 유지될 수 있도록 해준다. 예를 들어 자기계발서의 주제가 '자기계발'이라면 챗GPT는 자기계발에 대한 일관된 내용을 담은 글을 생성할 수 있다.

5) 글의 완성도 향상

챗GPT는 글의 완성도를 향상시키는 데 도움을 주며 글의 내용을 보완하고 문장의 구조를 개선하는 등의 작업을 자동으로 수행해 주기 때문에 글의 완성도가 향상된다. 예를 들어 자기 계발서의 주제가 '인간관계'라면 챗GPT는 인간관계에 대한 내용을 보완하고 문장의 구조를 개선하여 글의 완성도를 높일 수 있다.

특히 출판 전과 후에 독자들로부터 받은 피드백을 분석하여 책의 내용을 지속적으로 개선이 가능하다. 챗GPT는 피드백을 분석하고 적절한 수정 사항을 제안하여 저자가 콘텐츠를 업데이트할 수 있도록 도와준다.

챗GPT로 경제경영서 쓰기

경제경영 분야에서 인공지능, 특히 챗GPT와 같은 고급 언어 모델을 활용하는 방법은 다양하다. 이 챕터에서는 챗GPT가 경제경영서 콘텐츠 제작에 어떻게 기여할 수 있는지에 대한 실질적인 예시를 다룬다. 경제경영서는 일반적으로 시장 분석, 기업 전략, 재무 관리, 리더십, 혁신 등을 다룬다. 이러한 주제들을 설명하는 데 챗GPT가 어떤 역할을 할 수 있는지 구체적으로 살펴보도록 하자.

1) 시장 분석의 자동화와 최적화

챗GPT는 대규모 데이터 분석을 통해 경제 트렌드를 파악한다. 이를 바탕으로 시장 분석 보고서를 자동으로 작성할 수 있다. 이 과정에서 사용자는 특정 키워드나 데이터 세트를 모델에 입력하고 인공지능이 이를 분석하여 관련 정보와 트렌드를 요약하는 보고서를 생성해 준다.

2) 비즈니스 전략 수립 지원

챗GPT는 다양한 비즈니스 시나리오를 시뮬레이션 하여 최적의 전략을 제시할 수 있다. 예를 들어 경쟁 분석, 시장 진입 전략, 가격 설정 전략 등에 대한 조언을 제공하며 이를 통해 기업 경영진은 보다 정보에 기반한 결정을 내릴 수 있다.

3) 재무 계획 및 예측

챗GPT는 재무 데이터를 분석하고 이를 통해 재무 예측 모델을 구축할 수 있다. 이를 통해 기업은 수익 예측, 비용 관리 및 투자 분석 등을 더 정확하게 수행할 수 있으며 재무 상태에 대한 심층적인 이해를 도울 수 있다.

4) 리더십 개발 및 훈련

챗GPT를 사용하여 리더십 개발 관련 콘텐츠를 제작하거나 교육 프로그램을 개발할 수 있다. 모델은 리더십 이론, 사례 연구, 대화 시뮬레이션 등을 제공하여 관리자와 리더들이 실제 상황에서의 대응 능력을 향상시킬 수 있도록 도와준다.

5) 혁신 및 기술 관리

경제경영 분야에서 혁신은 매우 중요한 요소이다. 챗GPT는 새로운 기술 트렌드를 분석하고 이를 기업 전략에 어떻게 통합할 수 있는지에 대한 제안을 할 수 있다. 또한 기술 변화에 대응하는 다양한 방법론을 제시하여 기업이 시장에서 경쟁 우위를 점할 수 있도록 지원해 준다.

이러한 방법들은 챗GPT를 활용하여 경제경영서의 내용을 구성하는 데 있어 매우 유용하다. 인공지능을 활용한 콘텐츠 제작은 정보의 정확성을 높이고 더 넓은 관점에서 분석할 수 있도록 한다. 또한 독자들에게 실질적이고 심층적인 지식을 전달할 수 있도록 도와준다. 이는 결국 경제경영서가 보다 효과적인 지식 전달 수단이 되도록 만드는 중요한 요소 중 하나다.

챗GPT로 자서전 쓰기

자서전 작성은 개인의 삶, 경험 그리고 성찰을 문서화하는 매우 개인적이고 창의적인 과정이다. 챗GPT와 같은 고급 언어 모델의 도움을 받아 자서전을 작성하는 일은 저자에게 다양한 이점을 제공할 수 있다.

자서전을 쓰려면 어떤 자서전을 쓸 것인가를 정하고 출발해야 한다. 자신의 인생을 태어나서부터 시계열별로 연대기를 그대로 적어서는 자서전으로서 성공할 수 없다. 자서전은 자신이 읽기 위해서 적는 것이 아니라 자신 외의 사람들을 위해서 적는 기록물이다. 물론 혼자 기록해두기 위해서 자서전을 쓴다고 하는 사람도 있다. 하지만 독자가 없는 글이라면 나만이 보기 위한 일기장처럼 굳이 힘들여서 책을 만들 필요가 있을까?

자서전은 나만의 기록이지만 남에게도 읽을 만한 가치가 있다고 생각될 때 그 의미가 크다. 자신의 삶을 정당화하기 위한 기록이라면 남을 설득해야 한다. 그래서 내 자서전은 어떤 방식과 내용으로 기록해야 할까를 생각해야 한다.

자서전의 경우 챗GPT가 나의 사적인 경험과 노하우를 알 턱이 없기 때문에 활용할 가치가 없다고 속단해서는 안 된다. 챗GPT가 내 머리속에 있는 기억이나 경험을 대신 써 줄 수는 없지만 보조수단으로서 역할을 하도록 한다면 얼마든지 유용하다. 이번 섹션에서는 챗GPT를 활용하여 자서전 콘텐츠를 어떻게 생성할 수 있는지 구체적인 사례를 통해 설명하고자 한다.

1) 인터뷰 및 대화의 재구성

챗GPT는 인터뷰 형식의 대화에서 주요 정보를 추출하고, 그 내용을 재구성하여 문서화하는 데 사용될 수 있다. 사용자는 자신의 경험과 기억에 대해 이야기하고 AI는 이를 구조화된 자서전 형식으로 변환해 준다.

2) 기억의 정확성 향상

사람들은 종종 오래된 기억의 세부 사항을 잊어버리기 쉽다. 챗GPT는 과거의 사건들에 대한 정보를 보완하고 연대기적 순서대로 배열하여 독자가 이해하기 쉽게 만드는 데 도움을 줄 수 있다. 예를 들면 프롬프트에 "어릴 적 보릿고개 시절의 농촌 모습을 생생하게 기억나게 하는 재미있는 장면을 몇 가지 소개해줘"라고 주문하면 그 당시의 시골 풍경과 재미있는 이야깃거리를 알려주며, 이를 아이디어로 삼아 자기 글로 만들면 된다.

3) 감정적 표현의 강화

자서전은 개인의 감정적 여정을 반영해야 한다. 챗GPT는 다양한 감정적 상황을 묘사하는 데 사용될 수 있는 언어적 뉘앙스를 제공하여 글에 깊이와 감성을 더할 수 있다.

4) 문체 및 톤의 일관성 유지

자서전은 일관된 문체와 톤을 유지하는 것이 중요하다. 챗GPT는 전체 문서를 통해 일관된 스타일과 톤을 유지하도록 도와줄 수 있다. 이는 특히 책 한 권을 완성해 나가는 긴 작업 과정에서 매우 유용하다.

5) 사실 검증 및 추가 연구

챗GPT는 과거 사건, 날짜, 장소 등에 대한 사실을 검증하고 추가적인 배경 정보를 제공하는 데 사용될 수 있다. 이는 자서전의 정확성과 풍부함을 높여 준다. 예를 들어 프롬프트에 대고 "1970년대 일어났던 굵직한 정치적 사건을 자세하게 알려줘"라고 물으면 그 당시의 사건들을 시간순으로 상세하고도 구체적으로 알려준다.

6) 초안 수정 및 편집

초안의 수정과 편집 과정에서 챗GPT는 문법적 오류를 수정하고 문장을 더 효과적으로 다듬는 데 도움을 줄 수 있다. 문서의 흐름과 구조를 개선하는 데도 중요한 역할을 해준다. 심지어는 다 완성된 문장이라도 좀더 쉽게 한다든지 길이가 긴 경우 요약해 달라고 주문한다면 얼마든지 깔끔한 문장으로 변환이 가능하다.

7) 개인적 경험의 보편적 메시지 추출

챗GPT는 개인적인 이야기 속에서 보편적인 진리나 메시지를 추출하고 강조하는 데 도움을 줄 수 있다. 자서전이 단순한 생애 이야기를 넘어 독자에게 영감을 주는 작품이 되도록 하려면 단지 자신의 경험이나 의견만을 가지고는 한계가 있다. 자신의 이야기에 기반을 두되 보다 전문성을 가진 내용이 들어가야 하고 인터넷을 쳐봐도 나오지 않는 새로운 내용이 풍부하게 들어 있어야만 독자들의 마음을 잡을 수 있다.

챗GPT로 수필 쓰기

챗GPT로 한국적인 서정수필을 쓰는 데 도움이 되지 않을 거라는 생각을 가지고 있는 경우가 대부분 사람들의 생각이다. 왜냐하면 한국의 수필은 칼럼이나 에세이와 달리 자신의 이야기나 자신과 관련된 경험을 위주로 써야 하는데 그걸 챗GPT가 알지 못할 것이라는 고정관념이 지배적이기 때문이다. 한국의 서정 수필은 젊은이들에게 인기가 없고 수필집은 거의 팔리지도 않을 뿐 아니라 '수필을 읽는 사람보다 쓰는 사람이 더 많다'는 농담 같은 이야기가 현실이다.

따라서 수필 쓰기도 변화가 필요하다. 누구나 다 알고 있거나 옛날 못살았던 힘든 세상살이 이야기, 뻔한 가족 이야기의 범주에서 벗어나 다양한 변화가 필요하다는 생각이다. 단지 자신의 경험이나 머릿속에 남아 있는 한계를 벗어나 전문성이나 현실적으로 이슈가 되고 있는 다양한 주제로 접근할 필요가 있다.

서정 수필일지라 하더라도 '옛날에는 그랬었지' 하는 이야기에 그치지 말고 현실과 결부시켜 의미가 있고 흥미 있는 내용으로 이끌어 낸다면 이야기는 달라질 것이다. 그런 의미에서 수필도 챗GPT의 도움을 받아 얼마든지 새로운 방식의 글을 쓸 수 있을 것이라 본다.

그렇다 하더라도 한국적인 서정 수필은 몇 가지 특징이 있다.

① 감성적 표현: 개인의 감정과 생각을 섬세하고 감성적으로 표현하는 것을 중요시한다.

② 자연과의 교감: 자연을 통해 내면의 감정을 표현하거나 자연과의 교감을 통한 서정적 표현

③ 한자어 활용: 한자어를 적절하게 활용하여 글에 풍부함과 깊이를 더하는 경우가 많다.

④ 고유한 문체: 한국어의 고유한 문체와 표현 방식을 사용하여 독특한 분위기를 연출한다.

〈챗GPT로 수필 쓸 때 도움되는 중요 TIP〉

① 주제나 소재에 대한 아이디어 제공 및 개발

한국의 자연, 문화, 일상의 아름다움 등에 대한 주제를 선정하는 데 조언을 줄 수 있다.

▶ 예: 서정적 에세이는 깊은 슬픔, 그리움 회복력을 포괄하는 한국의 복잡한 감정인 한恨이라는 주제를 많이 다룬다. 한을 연상시키는 개인적인 경험, 문화적 상징, 역사적 사건에 대한 성찰이 포함될 수 있고 한국 문화 속의 한에 대한 탐구를 통해 이 서정적인 에세이는 한국의 정체성에 내재된 감정과 회복력의 심오한 깊이를 더해주게 된다.

② 관련 정보 조사 및 신뢰할 수 있는 출처 찾기

감정이나 사색을 깊이 있게 표현하는 방법을 제시하고 글에 생동감을 불어넣는 데 도움을 줄 수 있다.

▶ 예: 글의 내용이 깊이를 갖고 심화시키기 위해 한국 문학, 시, 문화 연구 등이 포함될 수 있다. 이상, 김혜순 등 한국의 유명 시인들의 작품은 물론, 한국 사회와 역사 속의 한 개념을 분석한 학술 논문도 참고할 수 있다.

③ 글의 구조 구성

서정 수필의 전통적인 구조나 현대적인 접근 방식에 대해 설명하고 글의 흐름을 잡는 데 도움을 줄 수 있다. 생각을 효과적으로 정리하기 위해 개요 작성이 선행되어 글의 틀을 먼저 생각해야 한다.

▶ 예: 한에 대한 개인적 성찰, 한의 문화적 상징, 한의 역사적 맥락, 한국 미술에서의 한의 표현 등 한의 다양한 측면을 반영하는 섹션으로 개요를 작성한다. 각 섹션에서는 한국 생활과 문화에 있어서 한의 깊이를 보여주는 구체적인 사례와 일화를 살펴볼 수 있다.

④ 명확성, 일관성, 적절한 구조를 보장하면서 초안 작성

주제가 정해지고 관련 정보를 파악하고 글 전체의 구조를 염두에 두었다면 그러한 내용을 요약 정리하여 초안을 작성해 주도록 명령한다. 그러면 순식간에 초안을 작성해 준다. 이러한 초안은 기계적인 용어가 많고 나의 경험이나 감정이 들어있지 않기 때문에 이를 직접 자기만의 스타일로 보완해 나가야 한다.

⑤ 개선을 위한 피드백 및 제안 제공

글은 초안 작성이 가장 힘들다. 초안이 나온다면 계속 수정보완이 가능한데 작성한 수필의 초안을 검토하고 개선점이나 수정 제안을 해줄 수 있다.

▶ 예: 한국 문화에 익숙한 동료 작가나 독자로부터 피드백을 구해도 되고 이미지의 효과, 서술의 정서적 공명, 에세이의 전반적인 영향에 대한 통찰력을 제공할 수 있다. 예를 들어 청중과의 감정적 연결을 심화시키기 위해 개인적인 일화를 더 추가할 것을 제안할 수도 있다.

⑥ 문법, 구두점, 철자 오류 교정

한국어의 서정적 표현, 고유한 어휘 선택, 문장의 리듬과 운율

을 조언해 줄 수 있다.

▶ 예: 서정적 에세이를 마무리하기 전에 아름다움과 영향력을 떨어뜨릴 수 있는 언어 오류가 있는지 주의 깊게 교정해야 하며 문장의 리듬과 흐름에 주의를 기울여 글의 서정적 품질을 향상시키시라. 문장의 무결성을 유지하려면 문법이나 철자 오류를 수정해야 한다.

⑦ 한국 서정 수필 모범 작품 참고한 내용 보완

한국의 유명 작가들의 서정 수필 모범 작품을 읽고 참고하면 도움이 될 수 있고 한국 문화와 역사에 대한 지식을 바탕으로 글에 깊이를 더할 수 있다.

〈초안 작성 사례〉

Q 프롬프트

"한국전쟁 이후 한국의 농촌을 배경으로 어릴적 놀이를 중심으로 썰매타기, 제기차기, 오징어게임, 술래잡기, 연날리기 같은 재미있는 놀이를 했던 풍경을 넣어서 서정 수필 하나 3천 단어로 써주세요."

⑨ 챗GPT 답변

물론입니다. 한국전쟁 이후의 농촌을 배경으로 어린 시절의 놀이를 중심으로 한 서정수필을 작성해 드리겠습니다. 다만, 여기서는 전체 수필을 제공하기에는 공간이 부족하므로, 수필의 시작

부분을 예시로 드리겠습니다. 나머지 부분은 개인적으로 작성하시거나, 추가적인 도움이 필요하시면 언제든지 요청해 주세요.

제목: 어린 시절의 농촌 놀이

　전쟁의 상처가 풍경에 그림자처럼 남아 있는 한국 시골의 적막함 속에서 어린 시절은 회복력, 상상력, 시간을 초월한 놀이의 즐거움으로 엮어진 태피스트리tapestry 속에서 펼쳐졌습니다. 구불구불한 언덕과 논을 배경으로, 바람의 속삭임이 소란스러운 과거의 메아리를 전하는 가운데, 아이들은 게임의 단순함 속에서 위안과 동료애를 찾았습니다. 한국전쟁의 여파 속에서, 지나간 시대의 잔해와 잔해 속에서 아이들의 웃음은 현실의 고난을 이겨내고 교향곡처럼 솟아올랐습니다.

　눈 덮힌 비탈을 신나게 내려오는 썰매는 한국 시골의 겨울 정취를 구현했습니다. 하늘에서 첫 번째 눈송이가 춤을 추자 아이들은 나무 판자와 버려진 재료로 열심히 썰매를 만들었고, 그들의 눈은 기대감으로 빛났습니다. 그들은 임시변통의 썰매를 끌고 가장 가까운 언덕으로 모험을 떠났습니다. 그곳은 그들의 무한한 상상력을 위한 빈 캔버스인 가루눈이 기다리고 있었습니다. 신나는 라이딩을 할 때마다 그들은 자유의 스릴을 만끽했고, 그들의 웃음은 상쾌한 겨울 공기와 어우러졌습니다.

　세기를 이어온 한국의 전통놀이인 제기차기는 기술과 정확성이 어우러진 우아한 춤으로 몸과 마음의 민첩성을 결합했습니다. 시골 마을의 좁은 골목길과 햇살 가득한 안뜰에 아이들이 모여서 종이와 실로 만든 화려한 셔틀콕인 제기의 리듬에 맞춰 발을 춤추며 기량을 시험했습니다. 능숙한 발차기와 민첩한 발놀림으로 제기를 높이 들어올렸으며, 각 동작은 그들의 기민함과 우아함을 입증했습니다. -중략-

챗GPT로 여행 기행문 쓰기

챗GPT로 여행 기행문 쓰기는 여행의 소중한 추억을 아름다운 글로 표현하는 데 도움을 줄 수 있는 강력한 도구다. 왜냐하면 여행기는 자신만이 느끼는 상상력이나 창의력도 필요하지만 그보다 더 중요한 것이 여행지에 대한 역사적 사실과 현지에서의 생생한 현상Fact에 근거를 두고 있기 때문이다.

사실 여행을 갈 때 의도적으로 글을 쓰기 위해 가는 것보다는 단체로 주마간산 식으로 다녀온 후 글을 쓰려면 기억력의 한계도 있고 자세한 가이드의 설명이나 기록을 갖고 있지 않아 생생한 내용을 글로 표현한다는 게 쉽지 않다. 그런 면에서 챗GPT는 여행기를 쓰는 데 있어서 보조수단이자 강력한 도구로 역할을 할 수 있다. 챗GPT를 활용하여 감동적인 여행 수필을 작성하는 방법 몇 가지를 소개한다.

1) 여행 기행문을 작성하기 위한 방법

① 여행 기억 정리 및 자료 수집

여행 중에 작성한 여행 일지, 메모, 사진, 영상 등을 정리하고 방문 장소의 공식 웹사이트, 여행 관련 블로그, 리뷰 등을 참고하여 여행 정보를 최대한 수집한다. 여행 중에 느낀 감정, 생각,

경험을 즉시 메모하거나 챗GPT에 말을 녹음하여 기록하기도 하고 풍경, 음식, 사람들 등 여행과 관련된 사진을 가능한 많이 촬영한 후 챗GPT에게 사진에 대한 설명을 추가해 달라고 요청할 수도 있다.

② 여행 경험 분석 및 구성

여행 중에 가장 기억에 남는 순간, 특별했던 경험, 감동적인 에피소드 등을 선정하고 여행의 시작부터 끝까지 순서대로 구성을 정한 후 여행을 통해 얻은 교훈, 느낀 점, 전달하고 싶은 주제나 메시지를 명확하게 한다. 여행 경험을 단순히 나열하는 것이 아니라 독창적인 관점과 해석을 더하여 글에 표현하고 오감을 동원하여 여행지의 풍경, 분위기, 음식 맛 등을 생생하게 표현하도록 한다.

③ 챗GPT 활용 초안 작성

주제가 정해졌으면 챗GPT에게 여행 경험, 여행지 정보, 구성 등을 기반으로 초안을 작성하도록 지시한다. 챗GPT가 작성한 초안을 기반으로 문장 표현, 묘사, 비유 등을 개선하여 생생하고 흥미로운 글쓰기가 되도록 한다. 챗GPT가 작성한 내용에 자신의 감정, 생각, 경험을 추가하여 독창적이고 감동적인 글쓰기가 되도록 하는 것이 매우 중요하다. 여행기는 목적이나 쓰는 이의 의도에 따라 다양하지만 다음과 같은 순서로 쓴다면 도움이 될 것이다.

여기에서는 필자가 2024년 2월 남미 여행 중 볼리비아의 우유니 소금 사막을 다녀온 경험을 살려 수필로 썼던 사례를 통해 설명해 보고자 한다.

Q 프롬프트

"내가 우유니 사막을 다녀왔는데 사막의 멋진 추억을 여행수필로 쓰고 싶다. 어떻게 문장을 구성하면 좋을까?"

챗GPT 답변

1) 영감 찾기

첫 만남: 처음 우유니 소금 사막을 보았을 때 느꼈던 감정과 생각을 기억해 보세요.

경험: 다양한 여행 코스를 통해 경험했던 잊지 못할 순간들을 떠올려 보세요.

감성: 우유니에서 느꼈던 다양한 감정을 표현해 보세요.

영감: 우유니 여행을 통해 얻은 영감과 새로운 시각을 담아 보세요.

2) 생생한 글쓰기

묘사: 우유니 소금 사막의 아름다운 풍경, 독특한 자연 환경, 그리고 다양한 경험들을 생생하게 묘사하세요.

감각: 시각, 청각, 후각, 미각, 촉각 등 다양한 감각을 활용하여 경험을 생생하게 전달하세요.

비유: 비유와 은유를 사용하여 독자들의 상상력을 자극하고 감동을 더해주세요.

상세: 구체적인 사례와 예시를 통해 독자들이 몰입할 수 있도록 글을 구성하세요.

3) 마무리

감동: 글에서 느낄 수 있는 감동과 영감의 강도를 높여 보세요.

교훈: 우유니 여행을 통해 얻은 교훈이나 메시지를 전달하세요.

진솔함: 진솔하고 개인적인 감정을 담아 독자들의 공감을 유도하세요.

4) 주의 사항

개인적인 의견이나 주관적인 판단을 최대한 줄이고 객관적인 사실에 입각하여 글을 작성하시되 글의 길이가 너무 길어지지 않도록 주요 내용을 중심으로 작성하세요. 그리고 독자들이 재미있게 읽을 수 있도록 명료하고 간결한 문장을 사용하세요.

④ 검토 및 수정

여행 관련 정보, 역사적 사실, 지리적 위치 등을 다시 한 번 확인하고 오류를 수정하는 것이 중요하다. 검색을 통해 자료를 모으고 쓰는 것보다 훨씬 빠르지만 내용의 정확성을 반드시 확인해야만 한다. 글에서는 문법, 맞춤법, 오타 등을 꼼꼼하게 검토하고 수정해야만 신뢰도나 완성도가 올라간다. 마지막으로 글의 전체적인 흐름과 균형을 조절하여 완성도를 높여야 한다.

⑤ 추가적인 팁

번역, 요약, 질의응답 등 챗GPT의 다양한 기능을 활용하여 여행 기행문 작성에 도움을 받을 수 있다. 그리고 가족, 친구, 여행 동료 등에게 글을 읽어보고 의견을 구하거나 필요하면 전문 작가나 편집자의 도움을 받아 글을 다듬어야 한다.

특히 다른 여행 기행문과 차별화되는 독특한 시각이나 관점을 제시하여 독자의 흥미를 유발하도록 해야 하며 생생한 이미지, 비유, 감각적인 표현을 활용하여 글에 깊이를 더하고 흥미로운 스토리텔링 기법을 활용하여 독자를 글 속으로 몰입시키면 좋다.

다만 챗GPT는 강력한 도구이지만 여행 기행문 작성의 모든 과정을 대신할 수는 없다. 챗GPT를 효과적으로 활용하고 자신의 창의성과 노력을 더하여 훌륭한 여행 기행문을 완성하는 데 목적이 있다.

(사례) 우유니 소금 사막 여행기

Q 프롬프트

"내가 최근에 볼리비아에 있는 우유니 소금사막을 다녀왔다. 정말 황홀한 순간들이었고 멋진 추억으로 남아있다. 이러한 경험을 생생하게 표현한 수필을 쓰고 싶은데 어떻게 쓰면 좋을까?"

챗GPT 답변

네, 볼리비아 우유니 소금사막 방문에 대한 생생한 에세이를 쓰는 것은 흥미로운 일이 될 수 있습니다. 매력적이고 몰입감 있게 에세이를 구성하고 작성하는 방법에 대한 지침은 다음과 같습니다.

1. 장면 설정

독자의 관심을 끌고 우유니 사막 여행의 배경을 설정하는 매혹적인 첫 문장으로 시작하세요.

우유니 소금 사막이 생성된 지질학적인 정보를 제공해 보세요.

2. 귀하의 도착을 설명하세요

독자의 이해를 돕기 위해 버스, 자동차, 단체 여행 등 우유니 소금 사막까지의 여정을 설명해 주세요.

3. 첫인상

소금 평지에 발을 디딘 후 처음 생각과 느낌을 생생하게 공유하십시오. 눈앞에 소금호수에 비가 내려서 광활한 거울에 비친 하늘의 모습 등을 담아내 보세요. 그것이 불러일으킨 경외감을 묘사해 보세요.

4. 탐험과 모험

관점을 바꾸는 사진을 찍거나, 야생 동물을 관찰하거나, 인근 명소를 방문하는 등 소금 평원의 모험을 자세히 기록하세요.

5. 일몰과 해질녘

해가 소금 평원 위로 지면서 수평선을 가로질러 주황색, 분홍색, 보라색의 생동감 넘치는 색조를 드리우는 하늘의 생생한 그림을 그려보세요.

낮에서 밤으로의 전환과 맑고 오염되지 않은 하늘에 빛나는 별들의 숨막히는 모습을 설명하십시오.

6. 문화 체험

소금 호텔에서 체험한 경험이 어떻게 풍성해졌는지 공유하세요.

소금호수에서 단체행동으로 목격한 문화 활동이나 전통에 대해 설명하십시오.

7. 반성 및 개인적 통찰

우유니 소금사막 방문의 의미와 개인적으로 어떤 영향을 미쳤는지 생각해 보세요.

환경, 문화, 자신에 대한 경험에서 배운 교훈이나 통찰력을 공유하세요.

결론: 지속적인 인상을 남기세요.

수필 전반에 걸쳐 설명적인 언어와 감각적 세부사항을 사용하여 독자에게 자신의 경험을 생생하게 전달하세요. 이 구조를 따르고 자신만의 독특한 관점과 경험을 통합함으로써 볼리비아 우유니 소금 평원 방문에 대한 생생하고 설득력 있는 이야기를 만들 수 있습니다.

우유니 사막의 추억(예문)

여행을 떠난다는 것은 또 다른 나를 만나는 일이다. 지구 정반대에 위치한 중남미 여행은 꼭 한 번 가보고 싶은 곳이었다. 이번 여행은 세계 150개국 이상을 여행하여 잘 알려진 노미경 여행작가의 주선으로 이루어졌다. 잉카문명의 꽃을 피웠던 페루로 들어가 마추픽추, 나스카라인, 우유니 사막, 마지막으로 이과수 폭포를 포함하여 6개국을 거치는 20일 일정이었다.

여러 관광코스 중에서 나를 사로잡은 곳은 단연 우유니 소금사막이었다. 볼리비아의 심장부에는 시간과 상상의 경계를 초월하는 지질학적 경이로움, 바로 우유니 소금사막이 있다. TV에서 여러 번 본 일은 있었지만 볼리비아 우유니 사막을 여행하면서 평생 잊지 못할 환상적인 풍경을 경험했다. 자연의 아름다움과 신비로움을 느낄 수 있는 곳으로 세계 여행객들에게 사랑받는 곳이다. 마침 우기철이라 소금사막에 물이 고여 광활한 소금 호수가 되었다. 호수에서 바라본 하늘과 땅이 합쳐진 신비로운 자연풍광은 마치 천국에 온 것 같은 착각을 불러일으켰다.

우유니 사막은 볼리비아의 수도인 라파스에서 차로 약 4시간, 비행기로는 50분 정도 거리에 위치해 있다. 사막의 면적은 약 10,582km로 경상남도 크기만 하고 소금밭의 깊이만도 깊은 곳은 120m나 된다. 그 규모가 세계에서 가장 큰 소금 사막이다. 배터리에 전력을 공급하는 데 필수적인 광물인 리튬이 막대하게 매장되어 있어 우리나라는 물론 세계 자동차 산업계가 눈독을 들이는 곳이다.

수백만 년 전 안데스 산맥이 지각에서 장엄하게 솟아올랐을 때 광대한 내해가 탄생했다. 시간이 지남에 따라 물은 썰물과 밀물을 겪으며 미네랄이 풍부한 퇴적물을 남겼다. 기후가 변화하고 바다가 사라짐에 따라 고대 소금물이 분지에 갇혀 현재 지구상에서 가장 큰 소금 평원인 우유니 살라르Salar de Uyuni를 형성했다.

우유니 사막을 한국에 본격적으로 알린 사람은 노미경 여행작가다. 작가의 풍부한 경험과 지식 덕분에 우유니 사막을 더욱 깊이 있게 이해할 수 있었다. 한국인들에게는 우유니 사막은 숨겨진 보석으로 남아 있었고 소금밭을 횡단한 소수의 용감한 여행가들에게만 알려져 있었다. 노미경 작가의 생생한 우유니 사막 여행체험기가 KBS 〈아침마당〉에서 소개되고 나서 우리나라에서도 매혹적인 여행지로 알려졌다. -중략-

소금호수에 비친 하늘과 땅이 합쳐진 신비로운 우유니 사막

챗GPT로 블로그 쓰기

블로그란 개인적인 경험이나 생각, 정보 등을 자유롭게 표현하는 온라인 공간이다. 보통 인터넷 블로그나 소셜 미디어 플랫폼에 게시되며 다루는 주제도 다양하다. 블로그 글쓰기는 자유로운 형식과 다양한 주제를 다룰 수 있기 때문에, 많은 사람들이 자신의 생각과 경험을 공유하고 소통하는 데 활용하고 있다.

기존의 글쓰기와 다른 점을 보면 우선 그 목적이 다르다. 블로그 글쓰기는 개인적인 목적이나 공유 목적으로 작성되지만 다른 글쓰기는 학술적인 논문, 문학 작품, 비즈니스 문서 등 다양한 목적으로 작성된다. 형식면에서도 블로그 글쓰기는 자유로운 형식으로 작성되고 문장의 길이, 문법, 맞춤법 등이 비교적 자유롭다

블로그 글쓰기는 주로 개인적인 독자를 대상으로 하지만 다른 글쓰기는 다양한 독자를 대상으로 하며, 독자의 요구와 기대에 맞게 작성되어야 한다. 특히 블로그 글쓰기는 일상적인 주제부터 전문적인 주제까지 다양한 주제를 다룬다. 특히 글쓰기 초보자가 블로그를 활용하면 다음과 같은 많은 장점이 있다. 이를 좀 더 자세히 살펴보면 다음과 같다.

- 형식이 자유롭다. 블로그 글은 문장의 길이, 문법, 맞춤법 등이 비교적 자유롭기 때문에 글쓰기 초보자도 쉽게 글을 쓸 수 있다. 예를 들어, 요리에 관심이 있다면 요리 레시피를 주제로 선정할 수 있다.

- 다양한 주제를 다룰 수 있다. 일상적인 주제부터 전문적인 주제까지 자신이 관심 있는 분야나 전문 분야를 선택하여 글을 쓸 수 있다. 예를 들어, 요리 레시피를 주제로 선정했다면, 요리책이나 인터넷 검색을 통해

레시피를 수집할 수 있다.

- 독자와 소통할 수 있다. 댓글이나 피드백을 통해 자신의 글을 개선할 수 있고 독자와 소통하면서 글쓰기 능력을 향상시킬 수도 있다. 예를 들어, 블로그를 게시한 후에는 독자들과 소통해야 한다. 독자들의 댓글이나 피드백을 적극적으로 수용하고, 이를 반영하여 블로그를 개선하는 것이 좋다.

- 지속적인 업데이트가 가능하다. 새로운 정보나 소식을 추가하고, 독자의 요구에 맞게 블로그를 개선할 수 있다. 예를 들어, 블로그를 지속적으로 업데이트해야 한다. 새로운 정보나 소식을 추가하고, 독자들의 요구에 맞게 블로그를 개선하는 것이 좋다.

- 자기 계발에 도움이 된다. 자신의 생각과 경험을 공유하면서 글쓰기 능력을 향상시키고 자신의 역량도 강화할 수 있다. 예를 들어, 블로그를 통해 자신의 생각과 경험을 공유하면서 자기 계발을 할 수 있다. 글쓰기 능력을 향상시키고, 자신의 역량을 강화할 수 있다.

1) 챗GPT를 활용한 블로그 쓰기 방법과 유의사항

챗GPT를 활용해서 블로그를 쓴다면 글쓰기에 초보자나 시감이 없는 사람들에게는 아주 편리한 도구이자 훌륭한 비서다. 다음 절차에 따라서 글을 쓴다면 보다 체계적이고 짜임새 있는 글을 쓸 수 있다.

① 주제 선정

블로그를 작성하기 전에 주제를 선정해야 한다. 주제는 자기 취미나 수필, 여행기 등 다양할 수 있지만 자기가 가장 잘하는 분야의 주제가 유리하다. 특히 초보자들이 글쓰기를 블로그에서 시작할 경우 자기를 중심으로 한 소재에서 출발한다면 쉽게 접근할 수 있다.

② 자료 수집 및 구성

주제를 선정한 후에는 관련 자료를 수집해야 한다. 예를 들어 요리 레시피를 주제로 선정했다면, 요리책이나 인터넷 검색을 통해 다양한 레시피를 수집할 수 있다. 자료를 수집한 후에는 블로그의 구성을 결정해야 한다. 요리 레시피를 주제로 한 블로그라면, 제목, 서론, 본론, 결론으로 구성할 수 있다.

③ 글쓰기

구성을 결정한 후에는 글쓰기를 시작하는데 챗GPT를 활용하여 글을 작성할 수 있다. 예를 들어, 요리 레시피를 주제로 한 블로그를 작성할 때, 챗GPT를 활용하여 레시피를 작성할 수 있다. GPT글은 어디까지나 기계가 쓴 글이므로 가능한 본인이 많이 수정하고 추가하는 등의 노력이 필요하다.

④ 검토

글쓰기를 마친 후에는 글을 검토해야 한다. 예를 들어 문법, 맞춤법, 문장의 흐름 등을 확인해야 하며 검토를 마친 후에는 블로그에 게시한다. 이때 블로그의 디자인과 레이아웃을 고려하여 게시하되 적당한 사진을 골라 넣거나 사진이 없을 경우 챗GPT

를 통해 이미지를 그려 넣어도 된다.

⑤ 지속적인 업데이트

블로그를 게시한 후에는 독자들과 계속적으로 소통해야 한다. 독자들의 댓글이나 피드백을 적극적으로 수용하고, 이를 반영하여 블로그를 개선하는 것이 좋다. 새로운 정보나 소식을 추가하고, 독자들의 요구에 맞게 블로그를 개선하는 것이 좋다.

위와 같은 방법으로 블로그를 작성하면, 독자들에게 유용한 정보를 제공하고, 자신의 역량을 향상시킬 수 있다. 다만 챗GPT를 통해서 글을 쓰더라도 제약이나 한계가 있으므로 가능한 자기가 직접 쓰도록 노력해야만 한다. 그러한 면에서 GPT로 블로그를 쓸 때 유의할 점이 있다

첫째, 챗GPT는 문장 생성 기능을 제공하지만 글의 내용과 구성은 사용자가 직접 결정해야 한다. 예를 들어, 구성을 결정한 후에는 글쓰기를 시작하는데 챗GPT를 활용하여 글을 작성할 수 있지만 어디까지나 챗GPT는 문장 생성 기능을 제공하면서 글 작성에 도움을 주는데 그 한계가 있다는 점을 인정해야 한다.

둘째, 챗GPT를 활용하여 글을 작성할 때는 챗GPT의 언어 모델을 이해하고 적절한 질문과 명령을 제대로 입력해야 한다. GPT글쓰기는 명령어 입력이 중요하며 마음이 들지 않을 때는 포기하지 말고 계속 연속질문을 통해 업데이트 해야 한다. 글쓰기를 마친 후에는 글을

검토해야 하는데 검토 과정에서는 문법, 맞춤법, 문장의 흐름 등을 확인해야 한다.

마지막으로 챗GPT를 활용하여 글을 작성할 때는 글의 품질과 일관성을 유지하기 위해 지속적으로 수정하고 보완해야 하며, 개인정보 보호와 저작권 침해 등의 문제를 주의해야 한다.

5장

책은 어떻게 태어나는가

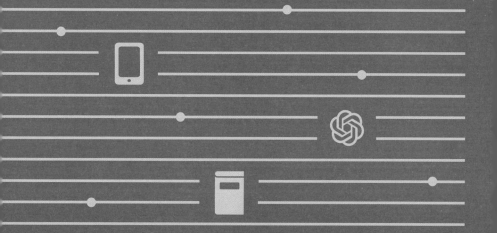

본격적으로 책쓰기에 들어가기 전에 책이 어떻게 기획되는지 그 중간 실무과정은 물론, 책이 나온 이후에는 어떻게 홍보하고 활용할 것인지 전체 프로세스를 알아야 한다.

책 기획하기

책을 쓴다는 것을 산모가 느끼는 산고에 비유하기도 한다. 산모가 아니면 산고를 모르듯이 책을 써보지 않은 사람은 사실 그 고통을 잘 알지 못한다. 그런데도 우리나라에서도 책을 쓰는 사람들이 점차 늘고 하루도 빠지지 않고 책들이 쏟아져 나오고 있다.

책을 쓴 사람은 우리나라 인구의 0.5%로 25만 명 정도라고 한다. 전 인구의 0.5% 안에 들어간다면 대단하지 않은가? 어렵다지만 저자가 된다면 0.5% 안에 드는 행운아다.

저자가 되는 데 통계치보다 중요한 것이 숨겨 있다. 책을 쓴 후 성취감이요, 어렵게 해냈다는 만족감이다. 정말 뿌듯한 성취감은 높은 산을 힘들게 정복한 사람만이 느끼는 강한 희열이다. 이는 책을 내 본 사람만이 느끼는 특별한 감정이다.

글쓰기는 크게 나누면 문학적인 글쓰기와 비문학적인 실용 글쓰기로 나눌 수 있다. 책쓰기도 마찬가지로 문학적 책쓰기와 비문학적 책쓰기로 나눌 수 있다. 비문학적 책도 그 안에 종류가 많다. 일기, 가족문집, 전공서적, 일반서적, 자기계발서, 심지어는 자기가 살아온 삶을 담은 자서전 같은 종류의 책들이다. 각기 원하는 책을 쓰고 싶은 사람들이 너무나 많다.

이 책에서는 전공서적이나 소설, 수필, 시집 같은 문학적 글쓰기가 아니라 누구나 쓸 수 있는 일반적인 책을 대상으로 하고자 한다. 여기에 소개하는 내용들은 필자가 40여 권의 책을 쓰면서 얻은 경험과 방법이 중심이 되어 있기 때문에 독자나 전문가에 따라서는 의견이나 방식이 다를 수 있다는 점을 사전에 밝혀둔다.

더구나 이 책은 최신의 클라우드 IT 기법은 물론 챗GPT를 활용하여 책 글쓰기를 누구나 쉽게 시작하고 적은 비용으로 빨리 쓰기 위한 방안이 소개되어 있다. 아마도 우리나라에서는 최초로 소개되기 때문에 다른 책들과 완전히 다를 것이다.

책쓰기를 마음먹었다면 본격적으로 들어가기 전에 책이 어떻게 기획되고 그 중간 실무과정은 물론, 책이 나온 이후에는 어떻게 홍보하고 활용할 것인지 전체 프로세스를 알아야 한다. 이를 앞장에서 배워온 클라우드 기술을 적용해 가면서 책이 나오기까지의 전체 프로세스를 차례대로 소개한다. 특히 초보자들이 이를 따라서 그대로 실행해 본다면 책을 쓰는 데 크게 도움이 될 것이다.

쓰고 싶은 콘셉트와 청사진 그리기

쓰고 싶은 주제는 무엇인가? 책을 쓰려고 할 때 가장 먼저 할 일은 쓰고 싶은 주제를 정하는 것이다. 주제가 명확하지 않으면 책은 중구난방이 되기 쉽다. 가장 좋은 주제는 '지금 쓸 수 있는 것'이다. 저자가 지금 하고 있는 일이 가장 좋은 주제가 된다면 누구나 시작할 수 있다.

어느 분야든 그곳에서 10년 넘게 일했다면 이미 전문가라고 해도 과언이 아니다. 게다가 관련 있는 책을 많이 읽었다면 이보다 더 좋을 수 없다. 책을 쓰고 싶은 콘셉트와 주제 정하기는 결국 책을 쓰려는 기획의도요, 전체 청사진을 그려보는 일이다. 이를 요약하면 다음과 같다.

'이 책을 왜 쓰려고 하는가?'

'이 책은 어떠한 근거나 이유로 인해 쓰게 되었는가?'

호랑이는 죽어서 가죽을 남기고 사람은 죽어서 이름을 남긴다고 했다. 이름은 그 사람의 정체성을 나타낸다. 이런 이름 중 시장에서 통용되는 이름을 '브랜드'라고 한다. 누군가의 이름을 듣고 연상되는 것이 바로 그 사람의 브랜드다. 최근 책을 통해 강력한 개인 브랜드를 구축하는 사례가 빈번해졌다. 이런 변화에 저명한 학자나 전문작가가 아닌 일반인들도 적잖이 동참하고 있다.

그 중에는 한때 평범한 직장인이었다가 책을 통해 한 분야의 전문가로 거듭난 사람들도 있다. 책을 많이 발간하고 유투버로 유명한 공병호 소장, 매스컴에 자주 등장하는 김미경 작가, 엔지니어 출신 과학 칼럼니스트 이인식, 오지 여행가 한비야가 바로 그들이다. 이런 사람들은 특정 영역에서 그 이름에 내로라하는 이름을 붙일 수 있게 브랜딩한 사람들이다. 그렇다면 그들은 어떻게 자기만의 브랜드 구축에 성공했을까?

초보 작가나 예비 작가가 명심해야 할 사항 중 하나는 출판사를 설득할 수 없다면 독자도 설득할 수 없다는 사실이다. 저자는 누군가를 설득해야 한다. 독자층을 설정했다면 그 독자층을 설정한 이유와 근거가 당연히 뒷받침되어야 설득력을 얻을 수 있다. 대상 독자층을 명확하게 설정하기 위해서는 자신의 책을 객관적으로 볼 수 있는 시각이 있어야 한다. 저자에게는 저자의 원고가 매우 의미 있고 소중하다고 생각하겠지만 다른 사람에게는 그렇지 않다.

출판사 담당자는 매번 출간기획서와 원고를 검토하기 때문에 '출간기획서'라는 범주 안에서는 전문가라고 할 수 있다. 결국 눈에 띄지 않거나 애매모호하게 설정된 독자층을 상대로 한 책은 아무에게도 도움이 되지 않을 수 있다는 가정하에 출간여부를 판단하기 마련이다.

내가 지금 쓰고자 하는 책은 누구를 위한 책인가? 나의 책은 남들에게 어떤 도움을 줄 수 있으며 그 도움이 누구에게 필요한가? 이를 명확하게 설정해야만 한다. 따라서 콘셉트를 정해 나가기 위해서는 최근 트렌드를 반영하고 앞서 나가고자 하는 수많은 독자들을 유혹할 수 있는 구상을 해야 한다.

이 책이야말로 독자에게 큰 도움이 될 수 있음을 확실하게 한 다음 이를 표현하라! 직장인을 위한 실무서, 인간관계, 대학생을 위한 자기계발, 전문가, CEO, 신입사원, 구직자, 공무원 준비생, 액티브시니어, 사업성공학, 리더십 등 독자층은 매우 다양하고 넓다. 여기에서 단 하나를 선택하라! 그리고 선택의 근거를 뒷받침하기 위한 콘셉트와 청사진을 멋지게 그려라!

책의 가제목 정하기

"제목 정하는 것이 가장 힘들어요!"

"제목에 따라 그 책의 성패가 좌우된다고 해도 과언이 아니에요. 그래서 출판사들은 독자들의 눈길을 사로잡을 수 있는 제목을 짓기 위해 총성 없는 전쟁을 벌이고 있죠."

편집자들의 말이다. 책의 콘텐츠가 아무리 뛰어나다고 해도 제목이 별로라면 독자가 그 책을 펴보지도 않는다. 그 책은 얼마 지나지 않아 사장되고 만다.

"내 아이의 이름을 정할 때 이렇게 정성을 들일 수 있을까? 책 제목을 정할 때마다 드는 생각입니다."

전문가들이라고 할 수 있는 편집자들은 오랜 경험을 가지고 있지만 하나같이 제목 짓기가 가장 힘들다고 토로한다. 제목을 잘 뽑는 편집자가 출판사에서 유능한 직원으로 꼽히기도 한다. 베스트셀러 치고 제목이 빼어나지 않은 책이 없는 것만 봐도 제목이 책의 매출에 미치는 영향이 크다는 것을 알 수 있다.

먼저 제목을 왜 잘 지어야 하는지부터 생각하자. 책을 만드는 목적이 단순히 저자의 만족감을 위해서가 아니다. 많은 독자들에게 읽힐 때 책은 비로소 가치가 있을 뿐 아니라 생명력을 갖는다. 따라서 책 제목이 매우 중요하다. 서점에 진열되어 있는 수십만 권의 책들 가운데 독자들에게 한눈에 어필할 수 있어야 하기 때문이다.

요즘 같이 책을 읽지 않는 시대에는 책 제목 짓기는 전략 차원에서도 너무나 중요하다. 저자가 원고를 고군분투하며 온갖 어려운 과정을 거쳐 썼지만 제목이 좋지 않아 시장에서 외면을 당한다면 저자나 출판사 그리고 책의 콘텐츠를 접하지 못하는 독자들 역시 막대한 손해이다.

뛰어난 편집자나 기획자들은 좋은 제목에 대해 "우선 책의 제목이 주는 임팩트가 중요하고 독자를 어떻게 유혹할 것인가? 제목이 좋아야 독자에게 선택받을 확률이 높다"고 한다. 제목은 책을 쓰는 과정 내내 생각하며 몇 가지를 골라 놓는다. 물론 출판 과정에서 출판사와 협의를 하지만 책으로 전하고자 하는 핵심 주제를 저자만큼 잘 아는 사람은 없으니 저자의 의견을 많이 반영한다.

호기심을 불러일으킬 만한 감각적인 제목만이 독자의 눈길을 사로잡을 수 있다. 서점 베스트셀러 진열대에 가서 잘 팔리는 책들은 어떤 제목인지 살펴보는 것도 제목을 정하는 좋은 방법일 것이다. 책에 대해 누구보다 잘 알고 있는 저자가 직접 제목을 정하는 작업이기는 하지만 저자가 정한 것이 최종적으로 출간될 책의 제목이 될 확률은 낮다. 그렇지만 자신의 책을 '출판사에 판매'한다는 생각으로 책의 제목을 짓는 것에 심혈을 기울일 필요가 있다.

책뿐만 아니라 뉴스기사, 보도자료, 인터넷 기사, 블로그 포스트 등 텍스트를 다루는 곳에서는 제목이 아주 큰 역할을 담당한다. 저자가 만약 독자라면 어떻게 책을 구매하겠는가? 물론 전체적인 내용을 살펴보겠지만 결과적으로는 책의 제목에 이끌려 구매하는 경우가 의외로 많을 것이다. 책의 제목을 짓는 것은 책의 원고를 쓰는 것만큼이나 어렵다. 하지만 고민과 고민 끝에 도출된 멋진 책의 제목은 저자의 원고를 더욱 빛낼 수 있다.

처음에 작성하는 출간기획서에 기입하는 책의 제목은 말 그대로 '가제목'이다. 너무 부담 가질 필요는 없지만 그렇다고 가제목이라 해서 아무렇게나 가볍게 써서도 안 된다. 아주 멋진 내용이 있다 한들 책의 제목에서부터 실망감을 안겨준다면 출판사는 물론 책이 나온 이후 독자들은 책을 펼쳐볼 생각도 하지 않을 것이다. 제목만 봐도 책의 내용이 궁금해질수록 좋다. 제목만 보고도 책을 펼쳐보지 않고서는 호기심과 궁금증으로 참기 어려운 감정이 생긴다면 최고다.

물론 출판기획서가 작성될 때의 가제목이 그대로 책의 완성본으로 결정 난 경우는 거의 없다. 최종 결정은 출판사가 하는 경우가 대부분이기 때문이다. 필자는 그동안 개인적으로 책의 가제목을 선택할 때 다음과 같은 방법을 사용해 왔다.

① 떠오르는 가제목을 모조리 적어본다.
② 시간을 두고 계속해서 읽어보며 제목을 수정해 나간다.
③ 최종 리스트가 완료되면 중복, 마음에 들지 않는 제목 등을 제거한다.
④ 주변 지인이나 친구들에게 책 제목에 대한 의견을 물어본다.
⑤ 이를 종합하여 최종적으로 가제목 2~3개를 결정한다.

결과적으로 제목은 저자의 메시지를 잘 반영하되 한 번에 직관적으로 이해할 수 있는 말이 필요하다. 독자들의 공감을 불러일으키도록 흔하지 않은 어휘와 구조가 되어야 한다. 될 수 있으면 짧지만 임팩트는 강해야만 한다. 요즘에는 챗GPT로 쓴 원고를 입력해 놓고 그에 맞는 제목을 써달라고 하면 그럴듯하게 제목을 써준다. 이를 참고해서 제목을 정할 수 있다.

세부 목차 만들기

주제와 제목이 정해졌다면 세부 목차까지도 사전에 정해 놓아야 한다. 여기서 목차는 두 가지 의미에서 꼭 필요하다. 우선 의도하고 있는 책 내용의 흐름을 결정하는 것과 흐름 안에 어떤 구체적인 꼭지를 넣을 것인지를 결정하는 중요한 일이기 때문이다. 전체적인 기승전결과 같은 흐름을 설정하고 그 안에서 '1장 1절'과 같은 한 꼭지 단위로 내용들이 전개되어 밑으로 내려가는 세부 목차를 정해 나간다.

그동안의 경험으로 본다면 세부 목차가 초기에 구상한 대로 완성되거나 정해진 경우는 거의 없었다. 책쓰기를 시작하여 오랫동안 자료를 모으고 정보를 수집하여 정리하다 보면 당초에 생각했던 것과는 크게 달라지기 때문이다. 따라서 초기에 세부 목차에 대해서 완벽성을 기할 필요도 없고 너무 고민을 많이 하여 시간을 끌 필요도 없다. 무조건 초안을 만드는 것이 무엇보다도 중요하다.

다만 세부 목차는 책의 가격 책정 및 인쇄, 제본 등에 절대적인 영향을 주는 예상 쪽수를 생각해 보아야 한다. 세부 목차도 이러한 분량을 사전에 감안하여 조절하고 정할 필요가 있다. 이를 요약한다면 다음과 같다.

① 한 권의 책을 쓰려면 세부 목차를 정할 때 최소 3개 이상의 장Chapter을 마련해야 한다. 3개는 정말 최소 수준이고, 보통은 5개 이상이 좋다.

② 한 장에 최소 3개 이상의 소제목의 꼭지를 넣어야 하는데 보통은 5~7개가 좋다. 한 개의 장이나 절은 완결된 하나의 이야기다. 그것만 떼어서 읽어도 무리가 없을 정도라면 더욱 좋다.

③ 책 한 권에 필요한 소제목 수는 적으면 50개에서 많으면 100개 정도 필요하다. 책의 분량에 따라 한 꼭지를 얼마나 쓸 것인지에 따라 꼭지 수를 조정하면 된다. 목차를 잡으면서 혹시라도 자신이 생각했을 때 더

필요한 내용이 있거나 추가해야 할 내용이 떠오르면 자유롭게 추가하
도록 하라. 소제목은 자세하면 자세할수록, 구체적이면 구체적일수록
좋다. 그래서 소제목을 쭈욱 훑어보기만 해도 그 책의 개요가 머릿속
에 그려져야 한다.

챗GPT를 이용하여 책 소제목 50개 쓰기

책을 쓸 계획이라면 포괄적인 목차와 하위 소목차를 만드는 것이
책쓰는 과정에서 매우 중요한 단계가 될 수 있다. 목차는 책의 구조
에 대한 개요를 제공하고 독자가 내용을 탐색하는 데 도움을 주는데
일반적으로 책의 시작 부분, 제목 페이지 및 감사의 말이나 헌사 뒤
에 표시된다. 주요 목차는 책 전체의 개요를 제공하는 반면, 하위 목
차는 각 장에서 다루는 특정 주제에 대해 더 깊이 있는 정보를 제공
하게 된다.

이는 더 큰 장 내에서 별개의 주제, 개념 또는 단계일 수 있다. 각
장의 내용에 대한 자세한 개요를 제공하면 독자가 관심 있는 부분을
빠르게 식별하고 책의 가장 관련성이 높은 부분으로 건너뛸 수 있다.
목차와 하위 목차는 모두 책의 내용을 구성하고 제시하는 데 중요한
역할을 하며 이들은 독자들에게 책의 구조에 대한 로드맵을 보여주
는 동시에 각 장에서 다루는 주제에 대한 자세한 통찰력을 제공한다.
이와 같이 중요한 책의 소목차를 50여개 작성하려면 결코 쉬운 일

이 아니다. 이미 4장에서 사례로 보여준 것처럼 챗GPT를 활용한다면 단시간 내에 소목차를 뽑아낼 수 있다. 다만 챗GPT를 통한 소목차는 어디까지나 아이디어이고 일방적으로 써 준 내용이기 때문에 이를 보고 하나하나 원래 쓰고 싶었던 방향으로 수정하고 보완한다면 목차 초안을 짧은 시간 안에 완성할 수가 있다. 챗GPT를 활용한 목차 수립 절차는 4장에서 이미 자세하게 설명한 바 있다.

출판 기획서 초안 쓰기

책쓰기의 주제가 정해지면 가장 먼저 해야 할 일은 출판 기획서를 스스로 먼저 작성하는 것이다. 초고가 완료된 이후 출판사에 제출하기 위해 기획서를 작성하는 경우가 있지만 필자는 그동안의 경험으로 보아 처음부터 출판 기획서를 반드시 먼저 작성하라고 권한다.

예를 들어보자. 대부분의 회사에서는 다양한 사업을 진행한다. 사업을 계획할 때, 그리고 사업을 추진하기 전에 전략기획 단계에서 꼭 필수적으로 거치는 단계가 바로 '사업계획서'를 작성하는 일이다.

실제로 사업계획서란 한두 장으로 끝나는 것이 아니다. 실행계획을 포함한 수십 장의 페이퍼로 구체적일수록 좋다. 잘 계획된 사업이라면 당연히 진행에 문제가 적고 결과에 대한 비교도 가능하며 혹시 잘못되더라도 금방 수정해 보완할 수 있다.

출간 작업도 비슷하다. 당연히 자신의 책은 자신이 가장 잘 알고 있다. 자신의 책을 출판하기 위한 계획서, 즉 책에 대한 전체적인 소개 및 향후 방향에 대한 계획과 전략이 모두 담긴 것이 바로 출판 기획서다.

따라서 책을 쓰기 위한 출판 기획서는 원고를 다 쓰고 난 후 출판사에 보내는 출판 기획서와 그 내용이 목적에 따라 다를 수 있다. 여기서 이야기하는 출판 기획서는 자기가 쓰고 싶은 콘셉트와 청사진 그리기를 한 다음 책 전체의 구상을 보다 구체화하는 작업이다. 물론 출판 이후 잘 팔리고 독자들에게 많이 읽히기 위한 세부 전략이 빠져서는 안 된다. 이른바 종합 마스터플랜과 같다.

반면에 책을 쓰고 나서 출판사에 제시하는 출판 기획서는 출판사에게 "내가 책을 썼으니 한 번 보시오. 좋은 책이니 꼭 출간해 주시오!"라고 말하는 것과도 비슷하다. 우리가 회사에 입사하기 위해 이력서를 작성하는 것처럼 출판사에 출판을 제안하는 작업은 형식화된 양식이 존재한다.

출판사 입장에서는 일단 출판 기획서를 읽어보고 흥미가 있을 경우에 전체 원고를 읽는 것이 효율적이기 때문이다. 출판 기획서는 출판사에 도움을 줄 뿐만 아니라 책을 쓰는 저자에게도 큰 도움을 준다. 출간 기획서를 작성해 봄으로써 방향을 올바로 정하고 효율적으로 책을 쓸 수 있기 때문이다. 출판 기획서는 일정한 양식이 있는 것은 아니다. 대체적으로 다음과 같은 내용을 담고 있어야 한다.

① 출판의 목적

② 책 제목가제목

③ 핵심 콘셉트

④ 주요 대상 독자층

⑤ 경쟁 도서 및 관련도서 분석

⑥ 초고 완성 및 출간 일정

⑦ 출판 후 활용 방안

⑧ 목차와 소제목

먼저 책의 구상에 가장 중요한 것이 책을 구상한 목적이다. 목적이 분명치 않으면 책을 쓰면서 계속 흔들릴 수밖에 없다. 책 제목은 나중에 출판사와 협의해서 정하게 된다. 앞서 언급했듯이 책의 내용을 가장 잘 아는 저자의 입장에서 가능한 제목을 여러 개 마음에 두는 것이 좋다. 책의 핵심 콘셉트는 쓰고자 하는 책의 핵심 내용을 요약하여 정리함으로써 쓰고자 하는 방향성을 정하는 데 중요한 역할을 한다.

대상 독자층은 핵심 독자층, 표준 독자층, 확산 독자층으로 세분하여 작성하는 것이 바람직하다. 책은 핵심 독자층을 염두에 두고 쓴다고 생각하고 표준 독자층과 확산 독자층까지도 확장성이 있도록 해야 한다. 그렇다고 독자층을 너무 좁게 잡으면 출판사에서 싫어하지만 전 국민을 대상으로 한 책도 환영받지 못하기는 마찬가지다.

경쟁 도서 및 유사도서 분석은 자신이 어떻게 책을 쓸 것인가 방향성을 정하고 많은 자료를 습득하는 과정이기도 하다. 이것은 출판사를 설득하는 내용으로 써야 한다. '경쟁 도서 및 유사도서와의 차별성'은 책의 특성과 방향성을 제시해 주는 것과도 연관이 된다. 최근의 사회적 이슈와의 연관성, 시대적 필요성 등을 제시하면 좋다.

출판 후 활용 방안은 저자로서 책 출간 후 어디에 활용할 것이냐에 따라 책의 내용이 얼마든지 달라질 수가 있기에 사전 기획을 할 필요가 있다. 필자는 책이 나온 이후의 활용 계획에 대해 처음부터 방향을 정하고 책을 쓴 경험이 많은 편이다. 주로 세미나 교재나 강의 시 교재로 쓸 목적으로 방향 설정을 하곤 했다. 일부 저자들은 책 홍보는 당연히 출판사가 알아서 할 일이라고 생각한다. 저자로서 책 판매에 공헌할 수 있는 방안도 고민해야 할 실정이다.

책 원고가 완성되면 목차를 옮기면 되지만 원고가 미완성 상태에서 출간 기획서만 먼저 제출하는 경우에는 기획도서인 경우처럼 반드시 출간 기획서를 먼저 제시해야 한다. 원고에 핵심 콘셉트와 요약 등이 있지만 목차가 책의 전체 내용이나 흐름을 가장 구체적으로 보여주기 때문이다. 만약 책 원고가 완성되지 않았는데 출간 기획서만 출판사에 보내는 경우에는 내용 요약, 원고 분량, 초고 완성 예정일 등을 추가하는 것이 바람직하다.

필자는 그동안 경험에서 초기에는 '출판 기획서'의 중요성을 알지 못했다. 몇 권의 책을 낸 후 뒤늦게 안 사실이지만 책을 출판하고 또 다른 저서를 준비하는 과정에서도 출판 기획서의 중요함을 느꼈다. 책쓰기 전에 출판 기획서가 없다면 목적지 없이 운전하는 것과 같다.

예전에 비해 책 읽는 인구가 줄어 도서 판매가 잘 되지 않는다. 팔리지 않는 책을 출판사가 내줄 리 만무하다. 그래서 원고를 아무리 열심히 써서 투고를 하고 문을 두드려도 문전 박대를 당하기 쉽다. 그렇다 보니 출판사는 책의 내용보다는 저자의 판매 능력을 먼저 본다. 즉 그 저자의 출판 후 활동으로 가 강의활동을 많이 하는지 아니면 지인이 많아 책을 팔아줄 수 있는지 여부를 본다.

다음 출판 기획서는 필자의 권유로 책을 내게 된 유영석 작가의 사례로서 이를 소개해 보고자 한다. 그는 책을 내본 적이 없고 오직 블로그에만 글을 써왔다. 작가가 블로그에 올린 글을 모아서 생애 최초의 책을 발간할 때 출판사에 제시한 기획서 원본이다. 이 기획서를 보고 출판사는 5분 만에 의사결정을 하고 출판하게 되었다.

출판 기획서(사례)

1. 제목(가제)	바다를 꿈꾸는 개구리
2. 참여작가	경영컨설턴트 유영석 (기업체 근무 43년, 대학교수 5년)
3. 도서분야	자전적 에세이/자기계발
4. 출판일정	2023년 1월 말 원고 완료 2월 말 최종 원고 검토 및 교정 3월 말 발간
5. 책자 구성 (대분류)	1. (꿈을 향한 여정) 꿈을 꾸고, 역경을 즐기며 자아를 실현한다. → 저자 자신의 삶 2. (긍정적 리더십) 긍정적 리더십으로 도전하여 비전을 달성한다. → 사례 3. (사람과 조직) 사람과 프로세스를 가치지향형으로 바꾼다. → 저자의 경험 4. (지혜로운 삶) 나다움, 베풂, 나눔의 삶으로 지혜로워진다. → 저자의 경험, 생각
6. 집필의도 및 콘셉트	1. 어린 시절 홍제동 문화촌 판잣집의 어려운 환경에서 자라나 역경을 딛고 대학교수가 되기까지 갖은 고난을 겪으면서 꿈과 희망의 중요성을 뼈저리게 느껴, 어려운 환경에 처한 사람들에게 위로와 용기를 주고자 출간을 생각하게 되었음 2. 대기업에서 43년간 경영관리, 인사, 재무, 영업, 감사 등의 다양한 현장경험과 경영지도사로서 기업경영컨설팅을 하면서 기업 경쟁력의 저해 요인을 깊이 인식함. 이에 기업의 경쟁력 강화를 위한 리더십, 제도, 시스템 개선의 필요성을 제기함 3. 대학교 교원 5년, 교회 크리스찬으로 활동하면서 나다움, 베풂, 나눔의 삶을 통해 우리 공동체에 긍정적인 에너지를 전파할 필요성을 느꼈음. 이에 행복한 기업 경영, 행복한 인생이 되는 데 일조하고자 집필하게 되었음

7. 원고작성	1. 기업체 CEO 및 임원 2. 경영컨설턴트 (경영지도사) 3. 중소기업 및 스타트업 임직원 4. 자기계발을 하고자 하는 사람
8. 예상독자	1. 기업체 CEO 및 임원 2. 경영컨설턴트 (경영지도사) 3. 중소기업 및 스타트업 임직원 4. 자기계발을 하고자 하는 사람
9. 작업방식	1. 저자 본인의 경험을 중심으로 하여 작성함을 원칙으로 하되, 서베이 자료(책, 연구논문 등)를 접목시켜 독자의 공감을 얻을 수 있도록 함 2. 출판사가 원고를 검토하여 일부 수정할 필요가 있는 사항은 수정 보완 예정임
10. 출판 후 활동	1. 서울대 AMP 75기: CEO 및 임원 (기증 포함) 2. 한국경영기술지도사회: 경영지도사, ESG사업 지원단 3. 한신대 산학협력 기업: CEO 및 임원 4. 그동안 사회 생활을 통해 구축한 각종 지인 모임 인맥을 통한 홍보 5. 지역 상공회의소 주관 중소기업 경영자 조찬회(예, 오산시)에 소개 및 특강 6. 미디어 (YTN 등)을 통한 홍보, 주님의 교회
11. 기타사항	출판은 판매를 기본으로 하되 홍보, 판촉을 통해 자발적인 구매 유도

자료 수집하기

관련 자료 및 정보 수집하기

책쓰기를 마음먹었다면 관련 자료를 수집하는 일부터 시작해야 한다. 책을 처음 쓰고자 하는 사람들이 가장 어려움을 겪는 일은 막상 쓰려고 하면 자료가 없다는 것이다. 특히 소설이나 문학 작품이 아니라면 책은 머리로 쓰는 게 아니라 자료로 쓴다는 말처럼 자료가 없을 경우 책쓰기가 힘들기 마련이다.

20여 년 전, 필자가 책을 처음 쓸 때만 해도 필요한 책이나 자료를 구하려면 도서관을 찾거나 관련 인사를 만나서 자료를 구할 수밖에 없었다. 지금은 인터넷의 발달로 다채널 검색 기능으로 인해 마음만 먹으면 관련 자료를 구하기가 용이해졌다.

예를 들어보자. 요즘 결혼을 중계해 주는 결혼중개업체 광고나 간판을 길거리에서 쉽게 볼 수 있다. 그러나 결혼 적령기가 되지 않은 사람이나 이미 결혼한 기혼자들에게는 거의 눈에 띄지 않는다고 한다. 이처럼 정보는 관심을 어디에 두느냐에 달려 있다. 무엇 때문에 정보를 모으는지에 대한 목적의식이 없으면 숱한 정보들은 나와 무관하다. 쉽게 번 돈은 쉽게 없어지듯이 정보도 편하게 얻은 것은 몸에 배지 않는다.

정보 수집을 위해서는 실제 최신 도구들을 잘 활용해야 한다. 4~5년 전까지만 하더라도 필자는 정보 정리에 편리한 정리박스를 활용했다. 저자가 상당한 기간 동안 사용해 온 정보 수집 박스와 메모용 수첩은 이제 컴퓨터와 스마트폰 자료 관리로 대체되었다. 책을 처음 쓰는 사람들한테 가장 시간이 많이 걸리고 중요한 것이 자료수집이다.

그런데 최신 기술을 모르면 책을 읽다가 필요한 부분이 생길 때 복사하여 스크랩해 놓든가 책에 포스트잇을 붙여 놓고 나중에 필요할 때 찾아내어 PC에서 타이핑하는 방법 이외에는 별다른 수단이 없었다. 필요하다고 생각하던 자료를 보관하는 방법도 문제였다. 그러나 지금은 참고 자료의 필요한 부분을 이미지로 찍기만 하면 문서화가 된다. 소위 말해 언제 어디서든 장소와 시간에 관계없이 활용할 수 있는 스마트폰 기술이다.

정보 수집은 정보검색으로 원하는 정보를 거의 해결해 준다. 특히 PC를 쓰지 않고도 이제 스마트폰에서 말로 명령만 내리면 언제 어디서든 각종 검색엔진에 들어가 필요한 자료를 찾아 준다. 그 자료를 즉시 복사하여 내가 저장하고자 하는 형태로 클라우드에 저장해 놓을 수 있다. 거기다 한술 더 떠 챗GPT가 나와 똑똑한 개인비서 역할을 해준다.

더구나 외국 서적이나 자료에서 책 집필에 필요한 부분이 있다면 이제는 걱정할 필요가 없다. 필요한 부분을 사진을 찍거나 혹시 전자서적으로 읽을 수 있는 책자라면 그 문서를 그대로 번역기에 넣기만 하면 즉시 번역해 준다.

때문에 예전에 비해 책쓰기가 많이 편리해졌다. 관심 있는 정보를 얻기 위해서 안테나를 뽑아 놓기만 하면 관련 정보가 모아질 수 있기에 정보 수집은 걱정할 필요가 없는 세상이 되었다.

여기서 중요한 점은 필요한 자료나 정보가 남의 것만으로 몽땅 채워져서는 안 된다는 점이다. 노래하는 가수가 남의 노래만으로 유명해질 수 없듯이 책쓰기도 자기가 살아온 과정에서 얻은 지식과 경험이 주체가 되어야 한다. 책 속에 자기의 목소리가 담기지 않으면 결국 남의 책이나 정보를 옮겨놓은 것에 불과하다. 당연히 제대로 된 책이 될 수 없다.

살아온 삶이란 자신의 삶 전체가 아니라 책의 주제와 관련된 저자의 경험과 지혜만을 필요로 한다. 특히 자기계발서나 자서전의 경우는 저자의 성공 경험이나 스토리가 핵심적으로 들어가야 살아있는 글이 되고 남과 차별화된 책이 될 수 있다.

실용서는 머리가 아니라 자료로 쓴다고 했다. 앞에서 소개한 여러 가지 클라우드 기술을 활용한다면 필요한 정보 습득은 그 범위가 대폭 확대될 것이다. 스마트폰 기술을 활용하면 자료 습득에 걸리는 시간은 무척 빠르다. 특히 외국어 자료나 이미지 자료를 그대로 사진으로 찍는 즉시 문자로 자료화된다. 그런 기술을 활용한다면 정보수집의 획기적인 수단이 될 것이다.

경쟁 도서 분석과 많은 책 읽기

물속에 비친 자신의 모습을 사랑해서 물에 빠져 죽게 된 '나르시스'는 지나치게 자신만을 들여다보고 그를 사랑했던 다른 존재들을 돌아보지 못했다. 책을 쓸 때 자기 주장이나 핵심이 반드시 필요하지만 그렇다고 지나친 자기애를 경계해야 한다. 주변의 경쟁 도서와 트렌드 분석을 통해 차별화할 부분과 받아들일 부분을 구분해야 한다. 그래야 독자에게 사랑받는 책을 쓸 수 있다.

책을 쓰기 시작하기 전에 경쟁 도서 분석을 통하여 내 책의 장점 등을 알고 상대가 없는 시장으로 들어가야 한다. 철저한 비교, 분석, 그리고 나만의 창조의 세계로 들어가도록 방향을 잡는 것이 중요하다.

한 권의 책을 쓰기 위해서는 최소한 20~30권의 경쟁 도서를 읽고 분석해야 한다. 분석표를 만들어서 제목, 부제, 홍보문구, 프로필, 앞뒤 날개 문구, 뒤표지 문구, 서문 및 후기, 목차, 부록, 각 꼭지 시작 문구, 각 꼭지 정리 문구, 에피소드의 제시 방법, 수사법, 삽화에 이르기까지 그야말로 철두철미하게 분석하고 따라 해야 한다. 책쓰기 코치를 하고 있는 이상민 씨는 이를 '모델 북 해킹'이라고 부른다. 아무리 사소한 것도 빠짐없이 분석하는 것이 중요하다.

'독서백편의자현讀書百遍義自見'이라는 말을 들은 적이 있을 것이다. 뜻이 어려운 글도 자꾸 되풀이하여 읽으면 그 뜻을 스스로 깨우쳐 알게 된다는 말이다. 책쓰기는 망망대해를 혼자서 항해하는 것과 같다. 이때 도움이 되는 것이 바로 경쟁 도서 벤치마킹과 관련도서 읽기다.

실제로 나는 책 한 권을 쓸 때마다 인터넷 서점에 들어가서 관련도서 리스트를 만들어 직접 사기도 하지만 서점에 직접 가서 리스트한 책들을 대강 넘겨보고 참고가 된다면 관련 도서를 모조리 산다.

창의력도 두뇌가 아닌 엉덩이에서 나온다고 말한다. 될 때까지 계속하는 근성이 창의력을 발휘하는 단초가 된다. 경쟁 도서를 분석하다 보면 '딱 이 책처럼 쓰면 좋겠다' 싶은 좋은 책이 있다. 이런 책을 모델 북으로 선정해서 철저하게 분석해야 한다. 그곳에서 잘된 요소를 추출해서 내 책에 의미를 부여하고 새로운 가치를 녹여 넣어야 한다.

"Good writers are avid readers." 단어대로 해석하면 "훌륭한 작가들은 열렬한 독서가들이다." 조금 풀어보면 이렇게 된다. "글을 잘 쓰려면 책을 열심히 읽어라." 글쓰기를 가르치는 대부분의 전문가들은 동의한다. 좋은 책을 쓰고 싶다면 무엇보다도 먼저 해야 할 일이 관련 도서나 경쟁 도서를 많이 섭렵해야 한다.

우리나라 국민들은 얼마나 열심히 책을 읽을까? 요즘 책과 신문 읽는 사람을 찾기도 쉽지 않다. 대신 스마트폰에 열중하는 사람들만 어디에나 가득하다. 문화체육관광부가 발표한 '2023년 국민 독서실태' 결과에 따르면, 성인 종합 독서율1년간 한 권이라도 책을 읽은 비율은 43.0%, 종합 독서량은 3.9권으로 직전 조사인 2021년에 비해 각각 4.5%포인트, 0.6권 줄어들었다.

바꿔 말하면, 성인 57%는 1년간 책을 한 권도 읽지 않았다는 얘기다. 반면 초·중·고교 학생의 종합 독서율은 95.8%, 종합 독서량 36.0권으로 직전 조사 대비 각각 4.4%p, 1.6권 증가했다. 성인 독서율만 보면, 1994년 86.8%를 기록한 이래 지속적으로 감소하고 있다. 책 구입비도 매우 적다. 성인들이 책 사는 데 쓰는 비용이 연간 평균 4만 8천 원에 불과했다. 과연 우리나라가 최고의 교육열을 자랑하는 나라인지 의심이 들 정도다.

독서야말로 사람을 더욱 아름답고 풍요롭게, 또 유능하게 만드는 최고의 방법이다. 이지리더 독서경영연구소 이원종 대표는 사자성어 가운데 '처마의 빗방울이 돌을 뚫는다'는 '점적천석點滴穿石'이라는 글귀를 가장 좋아한다고 한다. 독서와 시간 관리를 습관화하는 것이 이와 유사하다.

책을 500여 권 남긴 다산茶山 정약용은 책 읽기에서 5천 권 이상을 읽어야 한다는 주장을 폈다. 마이크로소프트 창업자 빌 게이츠는 1만 4,000여 권의 책을 소장한 '개인 도서관'을 가장 아낄 만큼 유명한 독서광이다. 무한한 상상력으로 스마트폰 시대를 연 스티브 잡스도 독서에 관한 한 이에 못지않았다. 평소 '아이폰이 서 있는 곳은 인문학과 기술의 교차점'이라며 '세상에서 가장 좋은 것은 책과 초밥'이라 말할 정도였다.

나이가 들면 시력이 나빠지고 집중력도 떨어져 독서에 많은 애로점이 있다. 그러나 이것도 이유가 되지 못하는 실정이다. 앞에서 소개한 바 인공지능의 발달로 책이나 글도 소리로 읽어 주며 글을 TV에 미러링 하면 읽기가 얼마든지 가능해졌기 때문이다.

어쨌든 독서는 인류 역사상 가장 훌륭한 스승들에게 배우는 작업이다. 생각하게 하고 깨닫게 하고 따라하게 한다. 고난이 닥쳐왔을 때 자신을 구원해 준 것이 한 권의 책이다. 난제를 만났을 때도 책에서 그 해결책을 구했다는 사람들의 이야기는 독서가 인생에서 왜 중요한지를 일깨워 준다.

관련 자료 분류 및 소제목에 연결 짓기

아무리 많은 정보와 자료가 모아져도 책쓰기에 관련된 핵심적인 정보만을 재정리하는 작업이 필요하다. 방대한 자료를 모았다면 소제목과 연결시키는 것이 매우 중요한 작업이다. 이 작업은 소제목들이 집을 지을 때 기둥과 골격이라면 정보 인용은 벽돌을 차곡차곡 쌓아 올리는 작업에 속한다.

요즘은 이러한 작업을 컴퓨터나 스마트폰에서 아주 쉽게 할 수 있다. 때문에 처음의 작업이 불충분하더라도 걱정할 필요가 없다. 수시로 재작업을 통해서 재정리가 가능하기 때문이다. 일단 분류하여 소제목마다 자료를 가득 채워 넣는 것이 급선무다. 그 다음부터는 꼭 필요한 정보나 자료만을 남겨두거나 지우기도 하고 부족한 내용은 메모해 두었다가 추후에 다시 채워 넣도록 하면 된다.

예전에는 방대한 자료를 분류하고 정리하여 소제목과 연결하는 데 엄청난 시간이 걸리고 어려움이 컸다. 자료를 일일이 가위로 잘라 붙이기도 하고 이러한 자료를 다시 컴퓨터에 재입력을 해야만 했다. 지금은 검색을 통해 분류하는 방법이 잘 발달해 있다. 아무리 방대한 자료라도 구글 드라이브 검색란에 키워드만 입력하면 제목은 물론 그 내용 안에 숨어있는 단어까지 골라서 찾아준다. 때문에 자료를 보관할 때 제목 붙이기만 잘 해도 짧은 시간 안에 소제목과의 연결 작업이 가능하다.

따라서 이미 앞에서 스마트폰으로 자료 관리하기에서 설명했듯이 가장 먼저 이루어져야 하는 일이 자료실을 어떻게 꾸밀 것인지를 구상하는 일이다. 그 구상에 따라 구글 드라이브를 효과적으로 구성해야 한다. 구글 드라이브에 필요한 폴더들을 만들어 보자. PC나 노트북의 탐색기에 저장되어 있는 자료들을 복사해 구글 드라이브 폴더에 붙여넣기 해주면 된다. 그 때부터 언제, 어디서나 스마트폰으로 자료를 활용하고 수정 보완하며 다른 사람들과 공유할 수도 있다. 나의 클라우드 환경이 조성되어 책쓰기가 한결 원활해짐을 만끽할 것이다.

책 본문 원고 완성하기

본문 쓰기와 분량 조절하기

모든 자료와 글쓰기 소재들을 소제목별로 연결시켜 놓았다면 이제 쓰고자 하는 책을 구상했던 전체 흐름과 어떻게 일관성 있고 매끄럽게 완성해 나갈 것인가를 검토해야 한다. 따라서 먼저 해야 할 필수 과정은 책쓰기를 구상했던 초심으로 돌아가 전체 흐름이 그 당시 기획했던 내용과 일치하고 있는지 체크를 하고 작업을 시작하는 일이다.

전체 흐름을 살핀다는 말은 '논리 전개'가 무리가 없는지 살피는 것이다. 만약 중간을 생략하고 건너뛰면 '논리적 비약'이 되고 만다. '흐름'이라는 단어를 보면 알겠지만 글은 마치 강물처럼 위에서 아래로 흘러가는 것처럼 자연스럽고 매끄럽게 전개되어야 한다.

따라서 장이나 꼭지마다 글을 다 쓴 뒤에는 중간에 징검다리가 잘 놓여 있는지 확인해 볼 필요가 있다. 첫 문장은 어딘가에서 발원한 물줄기에 해당되는지 그 물줄기가 다른 물줄기와 만나며 강의 폭이 넓어지고 깊이를 얻게 된다. 강물의 물줄기는 유유히 흘러서 바다로 향하게 된다. '부족하거나 미진한 내용'이라고 느낀다면 그게 주제에 맞느지 따져본 뒤에 필요하면 추가로 넣고, 군더더기라고 생각되면 과감히 빼는 것이 좋다.

그렇다면 하루에 얼마나 쓸까?

하루에 얼마의 원고를 써야 하는지 정해진 건 없지만 이렇게 생각해 보자. A4 120매의 분량을 채워서 책을 한 권 쓴다고 생각할 때 A4 120매를 채운다는 말은 A4 1~2쪽짜리 꼭지를 60~70개를 쓴다는 말이다. 그렇다면 하루에 A4 1장씩 쓴다면 두 달이면 한 권의 책을 쓸 수 있다는 말이다. 이는 전문작가가 아니면 결코 쉬운 일은 아니다.

그렇지만 이러한 상세 계획을 세워두지 않는다면 책을 쓴다는 것은 공염불에 지나지 않을 것이다. 모든 꼭지의 분량이 똑같을 필요도 없다. 조금 긴 것도 있고, 조금 짧은 것도 있겠지만 너무 길어지면 중간에 소제목을 추가로 넣어서 읽기에 지루해지지 않도록 만들면 된다.

무엇보다 중요한 건, 본문 쓰기라는 부담감을 조금이라도 줄이려면 '하루에 한 꼭지씩 쓰는 것'으로 계획을 잡는 게 좋다. 그러려면 목차를 보다 구체적으로 만들 필요가 있고 원고를 쓰는 도중에 목차가 이상하다고 느끼면 목차를 이리 보고 저리 보면서 예뻐 보일 때까지 다듬어 보완하면 된다.

본문을 쓴다고 해서 원고지에 쓰는 경우는 이제 거의 없다. 컴퓨터를 활용해 쓸 경우에 자료의 호환이나 양을 체크하기 위해서는 표준 서식을 정해 놓을 필요가 있다. 그동안 경험으로 본다면 컴퓨터로 작업할 경우 문서 사이즈는 A4, 글자 크기로 10포인트, 줄 간격은 160으로 작업하는 게 보통이다. 그러나 시니어들이나 눈이 나쁜 사람인 경우 글자 크기를 11포인트, 줄 간격 180으로 하고 작성하면 글자도 시원시원해서 작업하기는 편해진다.

초보 저자들이 궁금해하는 것 중 하나가 원고를 '얼마나' 써야 하느냐다. 예상 쪽수는 저자가 쓴 원고가 책으로 출간될 때 대략 몇 쪽 정도의 책으로 만들어질지를 묻는 내용이다.

독자가 책을 구매한다면 어느 정도의 내용이 있어야 읽을거리가 있다고 생각하고 돈이 아깝지 않을지 상상해 보라. 그렇다면 과연 책 한 권의 분량은 어느 정도여야 할까? 예를 들어보자. 만약 원고를 한컴오피스의 '한글아래아 한글' 프로그램에서 작성했다고 가정하자. 한 권 분량의 글자 수는 15만자를 기본으로 삼는 것이 일반적이다. 쪽수는 글자체, 글자 크기, 자간 넓이, 폭 높낮이 등의 다양한 변수가 있기 때문에 여기에서는 일반적으로 예상 쪽수를 산출할 수 있는 방법을 설명하고자 한다.

그동안의 경험으로 본다면 10포인트 기준으로 A4 한 장의 경우 2.2~2.5쪽의 책 분량이 일반적이었다. 따라서 300쪽 책의 경우는 원고는 A4로 120~140쪽이 될 것이다. 책의 분량이 350쪽라면 A4로 140~160쪽을 써야만 한다. 요즘에는 책이 얇아지는 경향이 있어서 대개 250~260쪽으로 A4 100쪽 정도면 책 한 권의 분량이 된다.

본문을 써내려 갈 때 꼭 염두에 두어야 할 일이 있다. 아무리 좋은 내용이나 전문성이 있는 글이라도 내용이 너무 딱딱하거나 지루하다면 독자들로부터 외면 받을 공산이 크다. 글은 중학생 눈높이로 써야만 한다는 주장도 있다.

이를 해결하는 방법 중의 하나가 예문이나 사례를 넣기다. 예문이나 사례가 자신이 과거에 직접 경험했거나 실제 현장에서 적용되어 성공적으로 활용되었던 것이라면 금상첨화다. 자기계발서나 에세이, 자서전의 경우는 더욱 실제 경험이 핵심이 되어야 설득력이 있고 다른 경쟁서와 차별화가 될 수 있다. 전문서의 경우도 장이나 절마다 실제 쪽 사례를 넣어 본문을 정리한다면 시각적인 효과도 있고 독자들이 읽기도 수월해질 수 있어 매우 효과적이다.

초고 원고 다듬고 교정하기

시인 윤동주는 한마디 시어詩語 때문에 몇 달을 고민하고, 헤밍웨이의 소설 《노인과 바다》는 100여 번의 수정을 거듭해서 나왔다고 알려져 있다. 송나라 문장가 구양수는 시를 쓴 이후에 벽에 붙여두고 방을 드나들 때마다 고민했다고 한다. 하물며 처음 글을 쓰거나 책을 쓴 사람이라면 오죽하랴!

당나라의 시인 가도賈島는 나귀를 타고 친구의 집을 찾아가는 길에 한 편의 시가 머리에 떠올랐다.

閑居隣竝少(한거린병소) 한가하게 거하니 함께하는 이웃이 드물어
草徑荒園入(초경황원입) 좁다란 오솔길에 잡초만이 무성하구나
鳥宿池邊樹(조숙지변수) 새들은 연못가 나무 위에서 잠자고

여기까지는 단숨에 읊었으나 그 다음 결구結句가 얼른 생각나지 않았다.

僧推月下門(승추월하문) 스님은 달빛 아래서 문을 밀고 있구나

이상과 같이 끝을 맺어 보기는 했으나 어쩐지 마음에 들지 않았다.
'推'자를 두드릴 고 '敲'로 바꿔 볼까 싶어 '僧敲月下門'이라 고쳐 보기도 했다. '推'자와 '敲' 중 어느 글자를 써야 할지 얼른 판단이 서지 않아 정신없이 나귀를 몰고 가다 그 당시 경윤京尹 벼슬을 지내던 대문장가이자 당송 8대가의 한 사람인 한유韓愈의 행차를 비키지 못해 그 앞에 불려가게 되었다. 엄숙한 분위기에서 가도는 자기가 영감의 행차를 막게 된 이유를 설명했다. 그랬더니 한유는 충돌에 대한 책임에는 아무 말도 않은 채 "'推'자보다는 '敲'자가 월등하게 좋소이다" 라고 말하여 그때부터 글자와 글을 고칠 때 쓰는 말로 '퇴고'라는 말이 생겨나게 된 것이다. 이처럼 원고를 고치는 일은 중요하기도 하지만 쉬운 일이 아니다.

일단 초고를 완성한 다음에 먼저 해야 할 일은 잘못된 부분이나 어색한 부분을 고치는 일이다. 무엇보다도 우선 할 일은 오자나 탈자를 찾아내어 바로잡아야 한다. 잘못된 글자나 탈자가 있으면 무성의하게 느껴지고 글에 대한 신뢰도도 떨어진다. 최소한 오자와 탈자는 없도록 해야 한다.

물론 출판에 들어가기 전 출판사에서 초고를 여러 번 검토하면서 바로잡고 윤문을 하면서 교정과 교열을 하는 단계에서 모두 잡아주는데 이는 출판사의 일이다. 그 이전에 자기가 쓴 글에 대해서는 최대한 성의를 보여주는 것은 저자의 예의라고 본다.

문제는 자기가 쓴 글을 자기가 고치는 데 한계가 있다는 점이다. 자

기가 썼더라도 남의 힘을 빌리는 것도 좋은 방법이다. 중국의 시성이라 일컫는 두보杜甫는 시를 지은 다음에 그 시를 어머니에게 들려주어 반응이 있을 때까지 고치고 또 고쳐 발표했다고 한다. 필자도 글을 쓰거나 책의 초고가 완성되면 아내에게 교정을 부탁하곤 한다. 글쓰기나 책쓰기에 전혀 문외한인데도 용케 잘못된 부분이나 틀린 글자까지 정확히 잡아낸다. 심지어 문맥이 이상한 것도 발견해 주고 중복되거나 어색한 내용까지도 잡아준다.

필자가 에세이 클럽에서 글쓰기를 배울 때 손광성 선생님은 공부하는 학생들의 글을 하나하나 빨간 볼펜으로 수정해 주셨다. 그때마다 수정한 부분이 하도 많아 '딸기밭'으로 불릴 정도였다. 그게 창피하다고 생각할 것이 아니라 그러한 과정을 통해서 매끄럽고 아름다운 글이 되어 나온다고 생각해야 성장한다.

대개 처음 글은 쓴 사람들이나 나이가 든 분들의 글은 장문의 글이 많다. 띄어 쓰고 끊어주는 기준이 없다 보니 그렇다. 특히 한자를 많이 쓰거나 '그래서', '그리고' 등의 접속사를 많이 사용한다. 이 두 가지만 바꾸어도 문장이 쉽고 매끄러워진다.

여기서 중요한 과정이 있다. 앞서 다 작성한 원고를 수정할 때 TV 화면을 연결하여 눈으로 보면서 교정할 경우 4~5배 빠르고 그 효율도 높다는 경험을 소개했는데 이 방법을 사용하면 큰 효과가 있다는 것을 다시 한번 강조한다. 특히 눈이 나쁜 시니어들에게는 반드시 이 방법을 권한다.

수정 작업에서의 가장 큰 과제는 자기가 전달하려는 기획의도에 적합하게 되도록 글을 제대로 썼는지 체크하는 일이다. 특히 기승전결이 있어서 도입과 전개, 그리고 전달하려는 메시지가 잘 담겨 있는지를 여러 번 반복해서 읽으며 체크해야만 한다. 지금은 챗GPT를 활용해서 문장을 다듬기도 하고 손쉽게 교정 교열을 해낼 수 있다.

서문과 후기 쓰기

서문과 맺음말을 어떻게 쓸 것인가? 본문 쓰기를 마무리하면 서문과 맺음말을 써야 한다. 서문에서는 책을 잘 소개해야 한다. 책을 고르는 사람들은 서문과 목차를 본 다음 후기를 훑어보는 관행이 있다. 이를 보고 책 구매를 결정하는 경우가 많다.

서문은 이 책을 읽으면 독자에게 어떤 이익이 있는지를 분명하게 알려 주는 글이다. 머리말은 격에 따라 '프롤로그' 또는 '책을 펴내며' 등으로 표현하기도 한다. 200만 부를 팔아서 밀리언 베스트셀러로 유명한 김난도 교수의 《아프니까 청춘이다》의 프롤로그는 명언과 함께 시작하여 독자의 관심을 끌었다.

"젊음은 젊은이에게 주기에는 너무 아깝다." 영국의 작가 조지 버나드쇼는 이렇게 말했다. 이처럼 청춘을 한마디로 말하기에 절절한 표현도 부족하다고 생각될 만큼 젊음은 소중하고 희망이 있다는 말로 시작했다.

서문에서는 여러 방식의 표현 방법이 있지만 보통 책을 왜 썼는지, 이 책이 다른 책과 차이점은 무엇이고 왜 읽어야 하는지, 이 책을 읽고 어떻게 활용해야 하는지, 이 책을 어떻게 구성하였는지를 쓴다. 그렇다고 너무 장황해서는 핵심을 놓칠 가능성이 있고, 처음부터 지루하게 느껴질 수 있기 때문에 길어도 3~4쪽을 넘기지 않는 게 좋다.

반면에 맺음말에는 저자가 독자에게 마지막으로 해주고 싶은 말을 쓴다. 하지만 머리말에서 처음에 작성한 내용들이 반복되어서는 안 된다. 맺음말은 '책 마무리'라고도 한다. 이 부분도 책을 고르기 전에 반드시 먼저 눈이 가는 부분이니 신경을 써야 한다. 책 내용을 요약할 수도 있다. 아니면 글을 쓰는 과정에서 생겼던 크고 작은 에피소드 중심으로 정리할 수도 있다. 마지막 부분이기 때문에 책을 덮으면서 여운을 남기도록 써야 한다.

요즘 독자들은 더 이상 추천사를 크게 믿지는 않는다. 그럼에도 불구하고 추천사만큼 초보 저자의 책에 빛을 발하게 하는 방법도 없을 것이다. 그렇다고 반드시 유명인사일 필요는 없다. 그 분야 실무자나 예상 독자 가운데 책을 미리 읽고 '강추' 하는 추천사를 써준다면 독자에게 오히려 잘 통할 수 있다. 최근 동향을 보면 책 속의 긴 추천사보다는 날개나 뒤표지에 3~5줄 정도의 길이로 추천사를 넣는 경우가 많다.

여기에 등장하는 추천인들도 지나치게 거물급 인사보다는 현장의 실무자나 책을 판매하는 데 도움이 될 전문가나 지인을 넣어 책의 무게를 늘리면서도 자연스럽게 홍보로 연결되는 방식이 훨씬 나을 수 있다.

챗GPT를 활용해서 서문이나 후기를 쓰는 방법은 이미 4장에서 자세하게 설명했기 때문에 여기에서는 생략한다.

저자 소개하기

출간 제안서를 작성하고 나의 원고에 맞는 출판사를 선정했으면 이젠 매력적인 저자 프로필을 작성해야 한다. 저자 프로필 역시 출간제안서와 마찬가지로 중요하다. 출판사 편집자가 출판제안서 가운데 프로필을 가장 먼저 보기 때문이다.

저자 프로필이 독특하면서 무언가 끌림을 갖게 하면 편집자는 다른 것까지 세세하게 보게 된다. 그래서 어떤 저자들은 원고를 다 쓴 후 저자 프로필을 쓰기 위해 몇 주씩 고민하며 시간을 보내기도 한다.

안타까운 것은 초보 저자들은 프로필을 엉성하게 쓰는 이들이 많다는 것이다. 특히 자비출판으로 책을 내본 경험이 있는 어떤 사람은 저자 소개를 쓰라 하니 마치 입사지원서에 있는 자기소개서를 예상했는지 구구절절 지루하게 쓰는 경우도 있다. 결코 이렇게 하면 안 된다. 저자는 지금 '자기소개'가 아니라 '저자 소개'를 쓸 예정이기 때문이다. 자기소개와 저자 소개는 개념이 다르다.

저자가 전략적으로 저자 소개를 작성하고 싶다면, 학벌이나 책 주제와 관련이 없는 많은 경력보다는 저자가 쓴 책과 관련된 내용으로 저자 소개를 써내려가야 한다. 예를 들어 블로그와 관련된 내용에 대한 책을 썼다면 저자 소개도 당연히 블로그에 대한 전문성을 중심으로 소개되어야 한다.

이때는 파워블로그나 블로그 운영 경력, 수상, 칼럼 기고, 방문자 수, 글 수, 보여줄 수 있는 공식화된 데이터나 자신의 이름이 올라간 보도자료, 관련 책이나 저서가 있다면 그것들과 관련된 논문이나 학력, 직업이라든지 IT와 관련된 다양한 프로필 등에 초점을 맞추어 작성해야 좋다.

저자 소개는 미리 작성해두는 편이 좋다. 나중에 출간 계약이 끝나고 나면 저자 교정이나 제목 선정 등 해야 할 일들이 산더미인 데다가 원래의 생업도 겸해서 해야 하기 때문이다. 책을 쓸 때나 출간 기획서를 쓸 때 말하자면 책에 완전 몰입되어 있을 때야말로 저자 소개를 쓸 절호의 찬스다. 나중으로 미루어 '계약되면 써야겠다'라는 잘못된 전략을 선택한다면 저자의 저서 출간은 기약 없이 세월만 허비하게 될 것이다.

일반적인 통념과는 다르게 저자 소개는 독자에게 상당한 영향을 준다. 독자는 저자의 전문성과 경험 등을 책이라는 매체를 통해 구매하는 것과 같다. 즉, 저자는 독자보다 책에 들어있는 내용과 분야에 대해서만큼은 전문가여야만 한다.

따라서 독자들은 저자 소개를 유심히 살펴보고 책의 구매 결정 여부를, 한마디로 책을 읽을지 말지에 대한 가부를 결정한다. 저자 소개는 심지어 책의 내용까지 다르게 만들 수 있다. 저자가 말하는 수학개념과 내가 말하는 수학개념, 그리고 수학 전문가나 수학 전문교수가 말하는 수학개념은 와닿는 느낌이 전혀 다르다. 똑같은 개념이라고 할지라도 말이다.

결국 저자 소개는 심혈을 기울여 써야 한다. 관련 경력과 내용들을 확실하게 어필해야 한다. "나는 책과 관련된 아무런 경력이나 경험이 없어요!"라고 말한다면 원고를 쓸 수도 없었을 것이지만 어떻게든 썼다고 하더라도 책을 출간하기는 많이 힘들 것이다. 그렇기 때문에 지금부터라도 관련 경력이나 경험을 쌓아 둘 필요가 있다.

일반적으로 책 소개에 들어가는 분량은 비슷비슷한데 실제로 저자가 써야 하는 저자 소개의 분량은 그보다 많아야 한다. 최종 선택은 저자와 출판사가 결정할 것이다. 일단은 최대한 자세하면서도 강력한 포인트가 드러나도록 쓰는 것이 좋다.

출판사 선정과 계약하기

출간 기획서 보완과 출판 제안하기

책쓰기와 글쓰기의 가장 큰 차이점이라면 책은 공짜로 나눠주는 것이 아닌 이상, 누군가에게는 읽히고 판매되어야 한다는 것이다. 책은 문학적이고 예술적인 부분과 기록이나 전문자료로서도 존재하지만 경제적인 면도 같이 존재한다. 더구나 출판사는 이익을 도모하는 회사다. 물론 책을 통해 더 좋은 세상을 만들고 더 뛰어난 사람을 양성한다는 위대한 명분도 함께 가지고 있지만 말이다.

요즘처럼 책이 잘 팔리지 않는 시대에 출판사가 가장 당면한 과제는 역시나 '수입', 즉 '돈'에 관한 부분이다. 기본적인 운영비가 있어야 출판사를 운영할 수 있기 때문이다. 그래야만 더 좋은 작가를 찾아나설 여유를 갖고 베스트셀러 및 스테디셀러가 될 많은 책들을 여유롭게 검토할 수 있다.

그래서 책쓰기를 시작할 때 초기에 써 놓은 출판 기획서와 초안을 완료한 후 출판사에 보여주어야 할 때 돈과 관련된 해당 항목을 유심히 보완하여 쓸 필요가 있다. 가령 대상 독자층이라든지, 예상 쪽수 등을 통해 대략적인 비용을 가늠해 볼 수도 있다. 출판사는 저자가 생각하는 책의 가격과 예상 판매 부수를 요구한다. 그리고 경쟁 도서를 분석하고 현재의 출판시장을 이해하게 하며 저자가 제시한 책의 가격 및 판매 부수에 원고가 정말 걸맞은지를 알고 싶어 한다.

이를 위해 가까운 서점이나 도서관을 방문해 자신의 원고와 비슷하고 책의 최종 완성본이라고 그려지는 청사진과 비슷한 책을 골라 가격을 보면 된다. 예상 정가를 산출할 때에는 근거를 명확하게 하면 좋다.

예를 들면 예상 쪽수가 약 250쪽 정도라면 산출내역을 위한 책도 250쪽 정도를 고르는 것이 좋다. 출간된 지 너무 오래된 책은 인플레이션이나 물가를 반영하지 못할 수도 있다. 따라서 최근 2년 정도의 책을 찾아보고 참고한다면 도움이 될 것이다.

출판 기획서에서도 드러나긴 하지만 샘플 원고를 통해 출판사는 저자의 필력과 생각들, 흥행성 등 책과 관련된 대부분의 것들을 판단할 수 있다. 당연하게도 출판사 입장에서는 샘플 원고를 읽어보고 싶어 한다. 왜냐하면 출판 기획서가 아무리 좋아도 원고 자체가 부실하면 아무 소용이 없기 때문이다. 말하자면 샘플 원고는 출판사 입장에서 볼 때 '이렇게 멋진 출간 기획서에 어울리는 원고가 나중에 잘 도착할 것인가?'를 가늠할 유일한 척도가 된다.

샘플 원고가 좋은 점은 원고 전체가 완료되지 않은 상황에서도 '출판 기획서+샘플 원고' 조합을 통해 출판사에 투고하고 출판 제의를 해볼 수 있다. 출판 기획서가 좀 부족하더라도 샘플 원고가 좋으면 선택받을 수도 있다. 이것은 괜찮은 전략이며 일종의 단시간에 출판사를 결정하는 복안이라고도 할 수 있다. 그래서 투고를 할 때에는 출판 기획서와 샘플 원고를 함께 보내는 것을 권한다.

출판 기획에서 홍보전략까지 원스톱One Stop 출판 서비스

요즘에는 책을 읽는 사람이 급격하게 줄어들다 보니 어렵게 책을 쓰더라도 출판사가 좀처럼 책을 내주지 않을 뿐 아니라 투고를 해도 문전박대 당하기 일쑤다. '디지털책쓰기코칭협회'는 이러한 문제점을 보완하는 원스톱 서비스 체계를 갖추고 있다.

첫째, 출판사를 10개 이상 확보하고 있다. 출판사들은 전문으로 취급하는 분야나 종류가 다르며 개인출판사부터 대형 출판사에 이르기까지 다양하다. 심지어는 요즘 필요한 양만큼만 책을 내주는 POD출판이나 전자책 출판도 하는 디지털 출판사도 고를 수 있다.

둘째, 요즘에는 원고가 완벽하지 않으면 출판을 거절당한다. 이때 필요한 윤문이나 원고수정보완을 위해 작가가 필요한데 출판사는 이를 위해 돈을 쓰지 않는다. 협회는 전문작가 풀Pool을 활용해 코치작가와 연결해서 작가의 비용부담으로 출판사에 연결해주는 역할을 하고 있다. 협회는 코치작가로 활동하는 작가들 30여 명을 보유하고 있다. 코치 작가들은 스마트폰이나 챗GPT 기술을 가지고 있기 때문에 만나지 않고 비대면으로 스마트 워킹 방식으로 대응 가능하며 원고 수준에 따라서 그에 맞는 작가를 통해 원고를 보완해 주는 코치 역할을 해준다.

셋째, 작가들이 책을 쓰고 싶어도 PC나 스마트폰을 쓸 수 없기 때문에 이들에게 교육을 해주고 있다. 대필 작가가 아닌 본인이 책을 스스로 쓰도록 하는 디지털 책쓰기 기술 교육을 개인 또는 집합교육을 시켜 주고 있다.

협회는 이런 여러 단계를 종합해서 서비스를 하고 있기 때문에 책 한 권 써보지 못하고 컴맹, 폰맹인 왕초보 작가들도 얼마든지 내가 원하는 책을 발간할 수 있도록 다양한 경험과 실적을 보유하고 있다. 최근 5년 동안 100여 권의 책을 낸 경험을 가지고 있으며 앞으로 더욱 활성화될 것으로 예상한다.

원고 보낼 출판사 선정하기

원고가 준비되었다고 일이 다 끝난 것은 아니다. 책을 인쇄할 출판사를 정해야 한다. 출판사는 편의상 대형 출판사와 소형 출판사로 나눌 수 있다. 여기에는 어떤 차이가 있을까? 우선 대형 출판사는 기획력이 탄탄하고 홍보 능력이 있다.

대형 출판사에서 책을 낼 수도 있다. 큰 행운이 아닐 수 없다. 하지만 대형 출판사에서 책을 내는 것은 쉽지 않다. 책을 내고 싶어 하는 사람이 많고 지명도가 없다면 대형 출판사의 접근이 어렵다. 지명도가 있더라도 책이 팔릴 확률이 적으면 책을 내기가 쉽지 않다.

필자는 대형 출판사에서 주로 책을 냈기에 많은 사람들이 책 발간을 부탁해 왔다. 소개도 많이 해주었다. 하지만 실제로 책 발간까지 연결되는 사례는 많지 않았다.

그러므로 처음에는 소형 출판사에서 경험을 쌓아 점차 대형 출판사로 가는 방법이 적절하다고 본다. 아무래도 책을 한 번 내본 경험이 있는 사람은 그 책이 자신을 홍보해주기 때문에 다음 책을 발간하는 것이 그만큼 쉬워진다. 소형 출판사든, 대형 출판사든 중요한 것은 콘텐츠이다. 글의 내용이 좋으면 어디서든 환영받을 기회가 있다.

출판사에 투고를 하기 위해서는 먼저 출판사의 목록을 리스트업해야 한다. 인터넷 검색 및 인터넷 서점 등을 통하면 빠른 시간 내에 많은 출판사를 리스트업할 수 있다. 하지만 무작정 투고한다고 해서 책 출판이 이루어지지는 않는다. 모든 일이 그렇듯 투고에서도 전략과 계획이 필요하다. 출판 기획서도 그렇지만 이 투고 작업도 마찬가지로 최종 목적지는 단 한 곳이다. 바로 책 출간을 위한 투고 전략 및 계획은 다음과 같이 이루어진다.

첫째, 먼저 조사한 출판사 리스트에서 가장 마음에 드는 출판사 몇 곳을 선택하는 작업이 필요하다. 무조건 크다고 좋은 출판사는 아닐 수 있으며, 작가 자신과 성향이나 여러 가지 코드가 맞는 출판사가 좋을 수도 있다. 이 부분을 꼼꼼히 따져보고 검토해 본 다음 출판사를 선택해야 할 것이다.

둘째, 선택된 몇몇의 출판사 이름을 검색하여 해당 출판사에서 지금까지 출간했던 책들이 어떤 것들이 있는지 살펴본다. 대부분의 출판사에서는 자신만의 주력 장르가 있다. 소설이면 소설, 일반문학이면 일반문학, 실용서면 실용서, IT 계열이나 교과서 형태 등 장르는 매우 다양하다. 일단은 장르 자체가 같은지 검토해 본다. 만약 장르가 비슷하지 않거나 아예 동떨어진 파트라면 아무리 좋은 원고와 출간기획서가 준비되어 있다 하더라도 해당 출판사에서 출간을 결정할 확률은 낮다.

셋째, 출판사 홈페이지 등 해당 출판사에 투고하는 방법을 알아내야만 한다. 큰 출판사들은 자신들의 홈페이지에 투고 메뉴를 만들어 두기도 하고 이메일을 통한 투고 방법을 안내하기도 한다.

여기에서 주의해야 할 점은 출판사들 중에서 자신들만의 '출판 기획서 양식'을 배포하는 경우다. 이럴 때는 공유되어 있는 해당 출판사의 출판 기획서에 저자가 지금까지 썼던 출판기획서 내용을 다듬어 붙인 다음, 해당 양식으로 투고를 해야 한다.

출판사에는 하루에도 엄청나게 많은 출간 문의가 들어온다. 파일을 열었을 때 양식조차 지키지 않은 기획서를 누가 관심을 가지고 읽어보겠는가? 저자가 정말 자신의 원고를 책으로 만들 생각이 있다면 해당 출판사에서 출판 기획서 양식을 배포하고 있는지 꼭 확인하라.

최종 원고 피칭하기

마지막으로 출판사에 투고할 차례다. 어쨌거나 해당 출판사에 투고하는 시스템은 약간씩 다르기 때문에 해당 출판사에서 요구하는 방법을 통해 투고해야 한다. 투고를 할 때 저자가 준비해야 할 것은 두 가지이다. 출판 기획서와 샘플 원고가 그것이다. 이 두 가지를 각기 다른 파일로 준비해서 보내도 되고 출판 기획서 파일 내에 붙임 문서와 같은 형태로 함께 보내는 방법도 있다. 중요한 것은 내용이다. 파일의 형태가 어떻든 내용은 빠짐없이 모두 들어가 있어야 한다.

딱 한 곳의 출판사에만 투고하는 것은 잘못된 전략이다. 그 출판사에서 저자의 책을 출간해 줄지 그렇지 않을지는 아무도 모르기 때문이다. 저자는 해당 출판사에서 "이 원고를 백지수표를 써서라도 책으로 출간합시다"라는 말을 듣고 싶겠지만 현실은 냉정하기 그지없다. 리스트업 했던 출판사 몇 곳에 동시에 투고하는 방법을 사용하는 편이 유리하다.

투고를 했다면 이제는 기다림의 시간이 또 다시 찾아온다. 저자의 출판 기획서와 샘플 원고를 검토하는 시간이 필요하다. 빠르면 일주일, 늦으면 수개월이 걸릴 수도 있다. 이때의 기다림에서는 원고 작성과 출판 기획서 작성, 그리고 투고 작업까지 마친 자신에게 적절한 휴식을 주고 어느 정도 에너지를 충전한 다음 원고를 다듬는 기간으로 삼으라. 또한 투고했던 모든 출판사에서 거절당할 경우를 고려하여 차순위 출판사를 물색하고 투고 준비를 해야 한다.

출판사에서 저자의 원고와 출판 기획서를 검토한 다음 최종적으로 출간을 결정했다면 어떤 방식을 통해서라도 연락을 취할 것이다. 이때의 연락 수신을 좀 더 수월하게 하기 위해서 투고할 때 자신의 이메일과 연락처를 꼭 기입해 두어야 한다. 반대로 저자의 원고를 출판하지 않겠다고 결정되면 재미없는 일이 일어나기도 한다.

조금 친절한 출판사라면 "작가님의 원고와 기획서를 모두 검토했으나 OOO의 이유로 인해 출간하지 못할 것 같다."는 회신 답변을 줄 것이다. 아예 관심이 없는 출판사에서는 회신 자체를 안 해주는 경우도 있다. 그래도 실망하지 말고 다른 출판사를 통해 계속해서 투고하는 끈질긴 집념이 필요하다.

투고를 어떻게 하느냐에 따라 저자의 원고가 책으로 나올 수도 있고 그렇지 않을 수도 있다. 예전에 한번 반려당한 출판사라도 얼마간의 시간이 지난 뒤 원고와 출간 기획서를 확실하게 다듬은 다음 재투고 할 계획도 고려해야 한다. 이것은 절대로 부끄럽거나 민망한 일이 아니다. 저자의 최종 목표는 책 출간이기 때문이다.

문제는 원고 작성 도중에 투고하게 될 경우이다. 이때에는 원고 완성 일정을 적절하게 제시해야 한다. 큰 이변이 없다면 해당 일정에 최대한 맞춰서 원고를 출판사에 넘겨주어야 한다. 이것은 상호 간의 약속이자 출간 일정 및 프로세스 운영에 큰 영향을 준다.

출간을 위한 편집회의

원고가 전달되고 출판사가 결정되었다면 드디어 저자의 손을 떠나 출판사에서의 책 출간의 내부 프로세스가 본격 진행되기 시작한다. 이때 반드시 출판사와 사전에 출판 관련하여 전반적인 사항에 대해서 체크하고 사전 협의를 해두어야만 추후 문제가 생기지 않는다.

출판사의 책 출간 일정표에는 빽빽할 정도로 많은 원고들이 인쇄를 기다린다는 사실을 염두에 두어야 한다. 그 결정은 당연하게도 출판사 담당자다. 저자가 제시하는 예상 집필 완료 시기를 기준으로 출판사 담당자는 책의 인쇄 시기를 판가름하게 된다. 만약 이 일정이 뒤틀리게 되면 전체적인 일정이 뒤로 밀리거나 뒤죽박죽되어 골치 아프게 하기 때문에 저자가 제시하는 일정을 최대한 지켜주길 바라는 것 또한 출판사 담당자의 마음이다.

아울러 완벽한 책이 되기 위해서 표지의 디자인, 종이의 재질, 종이 두께, 흑백 혹은 컬러, 사진의 삽입 유무, 이미지 삽입 유무, 간지 유무, 인쇄 도수 등에 대해서도 자기가 의도하는 책이 되도록 참고할 수 있는 본인의 의견을 전달해야 할 필요도 있다.

예상 정가도 협의하여 산출했다면 이제 예상 판매 부수를 산출할 차례다. 예상 판매 부수는 예상 정가보다 더 산출하기 힘든 카테고리다. 아직 책이 서점에 깔리지도 않았고 마케팅도 하지 않았는데 도대체 몇 권이나 팔릴지 어떻게 알 수 있단 말인가?

예상 판매 부수는 사실 출판사 입장에서 볼 때 비용 산출 및 인쇄를 가늠하게 하는 척도가 된다. 엄청나게 많이 팔릴 것 같은 책이라는 판단이 든다면 조금 더 공격적으로 인쇄를 할 것이다. 그저 그런 책이나 버리기는 아까운 경우라면 대폭 축소된 인쇄 부수를 결정할 것이다.

물론 누구나 책이 엄청나게 많이 팔리고, 해외에도 번역되어 수출되며, 베스트셀러는 물론이고 스테디셀러에까지 오르기를 꿈꾸겠지만 그런 일은 자주 일어나지 않는다. 결국 예상 판매 부수는 현실적으로 정하는 것이 좋다.

여기서 중요한 것은 최종 원고를 넘기는 정확한 일정이다. 초보 작가들이 실수하는 부분은 바로 여기다. 처음 출판 계약서에 사인할 때는 한껏 고무되어 3개월이 걸려도 완성할까 말까한 원고 분량을 1개월 만에 완료하겠다고 다짐하기도 한다. 그리고 이 내용을 너무나도 당당하게 출판사에 전달한다. 출판사 입장에서는 당연히 저자의 말을 믿을 수밖에 없다. 어떤 근거나 데이터가 없는 상황이기 때문이다. 하지만 시간이 지나면 호언장담했던 원고 완성 날짜가 계속 뒤로 밀린다. 2개월, 3개월, 그 이상…. 상황이 이렇다 보니 출판사 측에서는 '계약서상에 작가는 원고를 언제까지 전달해야 한다. 이것을 지키지 못한다면 출판사가 일방적으로 계약을 파기할 수 있다'는 조건을 내걸기도 한다.

교정, 교열, 윤문 작업

교정矯正과 교열校閱 그리고 윤문潤文은 출판 프로세스에서 마지막 관문이 된다. 교정은 원고의 오타, 문법 오류, 잘못된 구두점 등 작은 실수를 찾아내어 수정하는 작업이다. 최종 인쇄본 작업 바로 전에 이루어지며, 전문 교정자나 작가 스스로가 수행한다. 반면 교열은 원고 전체의 구조, 논리성, 일관성을 점검하고 수정하는 작업이다. 내용의 정확성, 표현의 명확성, 문장 구조, 스타일의 통일성 등을 검토하며, 필요하다면 주석이나 참고문헌을 추가한다. 원고 작성 이후 초기 단계에서 전문 교열자가 맡는다.

교정은 작은 실수 잡기에 초점을 두지만, 교열은 원고 전체의 품질과 완성도를 높이는 데 목적이 있다. 두 과정 모두 출판물 수준 향상에 필수적이지만, 교열은 원고에 대한 보다 전반적이고 심층적인 작업이라 할 수 있다. 이를 통해 오류를 수정하고 완성도를 높일 수 있다.

교정은 전문 교정자 또는 작가 본인이 책임지는 것이 가장 효과적이다. 전문 교정자는 교정 업무 경험과 노하우로 실수 잡는 눈이 뛰어나다. 객관적 시각에서 작가 본인이 간과한 실수도 발견하기 쉽다. 교정표기 규칙과 규약에도 익숙해 통일성 있게 교정할 수 있다. 작가 본인이 교정할 경우 원고 내용 이해도가 가장 높아 중요한 실수를 놓치기 어렵다. 본인의 문체와 표현 방식을 잘 알고 있어 어색한 부분도 쉽게 발견한다. 중간 수정 부분도 가장 잘 알고 있다.

효과적인 교정 방법은 여러 번 나누어 반복하고, 인쇄본과 화면을 병행하며, 구두로 소리 내어 읽는 것이다. 전문 용어와 고유 명사 등은 특히 주의해서 확인하고, 교정 기호를 활용해 체계적으로 오류를 표시한다. 작가와 전문 교정자가 협력하여 두 번에 걸쳐 교정하는 것이 가장 이상적이다.

교정교열 시 출판사가 책임을 지고 수행하는 것이 보통이지만 만일 작가가 수행해야만 한다면 자기가 쓴 원고를 원고 상태에서 틀린 곳을 발견하기란 쉽지 않다. 이때 3장에서 배운 읽어주기 기능TTS을 활용한다면 아주 효과적이다. 즉, 원고를 스마트폰에 넣고 TV에 미러링을 한 상태에서 귀로 들으며 수정할 곳을 체크했다가 한꺼번에 수정하면 효율적이다.

교열은 주로 전문 교열자가 책임지는 것이 효과적이다. 전문 교열자는 작품의 구조, 논리성, 완성도 등을 객관적으로 평가하고 수정할 수 있는 전문성을 갖추고 있다. 다양한 분야 원고를 접해봐 각 장르의 특성과 규칙을 잘 알고 있다. 교열 경험이 풍부해 여러 작품의 문제점과 개선 방향을 잘 파악한다.

작가 본인이 직접 교열하기에는 한계가 있지만, 전문가 교열 후 최종 검토에 참여하는 것이 바람직하다. 효과적인 교열 방법은 원고 전체를 꼼꼼히 여러 번 반복해서 읽고, 구조와 논리적 흐름을 확인하는 것이다. 작품 특성에 맞는 교열 지침을 마련해 일관성 있게 교열하고, 사실 관계와 문헌 정보 정확성을 꼼꼼히 확인한다. 교열 기호로 수정

지시를 명확히 하고, 작가와 지속 소통하며 의견을 조율한다.

그리고 마지막으로 윤문작업이 있다. 윤문은 원고의 문장을 매끄럽게 다듬고 부드럽게 하는 작업을 말한다. 문장의 운율, 리듬, 톤 등을 조절하여 글의 품격과 완성도를 높인다. 완성된 원고라도 윤문 작업을 거치면 글의 매력과 가독성이 더욱 높아진다.

윤문 작업은 대개 전문 윤문가나 경험 많은 교정, 교열자가 맡게 된다. 작품의 전체적인 분위기와 톤을 고려하여 단어와 구절을 곱고 부드럽게 조율한다. 또한 문장의 호흡과 리듬감을 살펴 반복되는 패턴이나 정작 의미 없는 말잔치는 제거한다. 이처럼 윤문은 출판물의 품격과 완성도를 한 차원 높이는 마지막 작업이라 할 수 있다.

출판사 큐레이터나 교정교열 전문가의 수고로운 이 모든 과정들을 거치고 나서야 완성도 높은 출판물이 탄생한다. 작가와 전문가 사이의 긴밀한 협력이 필수적임은 물론이다.

책 출간 후 활동

출간된 책 홍보와 활용하기

"만약 책이 출간될 경우 저자는 어떻게 책을 홍보할 것인가?"

요즘 같은 불황에도 신간이 홍수처럼 쏟아지고 있다. 이런 신간의 홍수 속에서 내 책이 팔리려면 독자들의 눈길을 끌어야 한다. 그렇지 않다면 서점의 매대에 진열된 지 2주일 정도 후 내 책은 흔적도 없이 사라진다.

물론 홍보는 출판사가 책을 팔기 위해 책임지고 다각도로 준비하는 것이 당연하지만 필자는 책을 쓰려는 사람들에게 출판사에서 자신의 책이 출간되면 독자에게 어필하고 홍보를 하는 데 협조적이어야 한다고 부탁한다.

출판사에서 책을 출간하는 이유는 결과적으로 판매를 목적으로 한다. 하루에도 수십 권 이상의 신간들이 쏟아져 나오고 책을 읽는 사람들의 숫자가 급격하게 줄어드는 출판시장의 상황을 고려하면 저자 자신의 홍보계획이야말로 정말 눈에 보이는 중요한 부분이다.

내용이 맘에 들더라도 팔리지 않는 책을 출판사가 내줄 리 만무하다. 힘들게 원고를 써서 출판사의 문을 두드려도 도통 연락이 없고 연락이 오더라도 인연이 되지 못해 아쉽다는 답장이 오기 일쑤다. 그렇다 보니 출판사는 책의 내용보다는 저자의 홍보능력이나 판매능력을 먼저 보는 경향이 많다. 즉 그 저자의 출판 후 활동으로 강의활동을 많이 하는지 아니면 지인이 많아 책을 팔아줄 수 있는지 여부를 본다.

저자가 독자들에게 어필하는 방법은 사실 많지는 않다. 단체 구매가 가능하거나 영향력이 있는 지인에 책을 소개하거나 신문·잡지에 연결할 수 있는 경우 신간코너에 책 소개를 부탁할 수도 있다. 저자의 개인적인 활동으로는 개인 메일 소개, SNS와 블로그, 저자 특강 등도 들 수 있다.

여기에다 언론사를 적극 활용해 자신의 책을 사람들에게 어필하는 방법을 출판사와 같이 노력하는 방법을 적극 권한다. 사실 더 독자들의 눈길을 사로잡고 지갑을 열게 하는 데 광고보다 더 강한 효과로는 바로 언론 기사이다. 예를 들어 2017년 4월에 필자가 17번째로 출간한 《Samsung HR Way》는 감사하게도 한국경제신문에 책 소개가 실렸다. 이후 그 기사 덕분에 판매 활성에 있어 많은 기여가 되었다. 출간한 책의 신뢰도 또한 상승 효과를 보았다.

요즘에는 젊은이들이 신문을 거의 보지 않아 신문 광고는 출판사에서 막대한 비용을 들여서 해도 그다지 효과가 크지 않다. 반면에 책 소개 기사는 공짜로 이루어짐에도 독자들을 서점으로 이끄는 경향이 있다. 왜냐하면 광고에는 상업적인 냄새가 물씬 풍기지만 책 소개 기사는 기자나 그 분야의 전문가가 객관적으로 책을 소개하므로 독자들에게 신뢰를 얻을 수 있기 때문이다.

책 출간과 맞먹을 정도로 중요한 것이 책 홍보이기에 저자도 심혈을 기울여야 한다. 적극적인 홍보는 요즘 같이 불황과 책을 사지 않는 때에 책을 팔게 하는 유일한 수단이다. 이름값이 있는 유명한 저자들은 책 내용에 관계없이 유명세만으로도 많은 책을 단기간에 팔을 수 있다. 하지만 초보자나 경력이 적은 저자의 경우는 그렇지 않다. 심지어 저자가 누구인지도 모른다. 그렇기 때문에 홍보야말로 책을 세상에 알릴 수 있는 유익한 기회이다.

저자가 할 수 있는 또 하나의 홍보의 좋은 방법은 출간된 책을 강의나 세미나를 열어서 교재로도 쓰고 참가자들에게 비용을 받으며 나누어 주는 방법이다. 심지어는 이 책을 적극적으로 자기가 하고 있는 사업에 연결해서 활용한다면 책을 쓴 최고의 보람도 있을 것이다. 사실 유명세를 타는 전문작가가 아닌 다음에야 책을 써서 인세를 받아 수익을 남긴다는 것은 언감생심이다.

POD 출판의 개념과 특징

최근에는 주문형 출판인 POD Print On Demand 전자책 출판이 주목받고 있다. POD 전자책 출판은 디지털 파일 형태로 제작된 전자책을 독자가 주문하면 필요한 부수만큼 인쇄하여 제공하는 방식이다. POD 출판의 개념은 2000년대 초반 디지털 인쇄 기술의 부상과 온라인 소매 플랫폼의 성장과 함께 인기를 얻었다.

　POD 출판 분야에서 가장 먼저 시작하고 눈에 띄는 업체 중 하나는 2002년에 설립된 Lulu다. Lulu는 작가들이 자신의 책을 자체 출판하고 주문형으로 인쇄할 수 있도록 허용하여 독립 작가들이 자신의 책을 가져올 수 있는 새로운 기회를 열었다. POD출판은 기존의 종이 출판과는 다음과 같은 차이점이 있다.

- 기존의 종이 출판은 책을 제작하기 전에 미리 인쇄를 해야 하기 때문에 재고 부담이 있지만, POD 출판은 독자의 주문에 따라 인쇄를 하기 때문에 재고 부담이 없다.
- 기존의 종이 출판은 인쇄 비용이 많이 들기 때문에 책의 가격이 비싸지만, POD 출판은 인쇄 비용이 적게 들기 때문에 책의 가격이 상대적으로 저렴하다. 특히 출판을 위한 초기 비용지불을 하지 않아도 되기 때문에 경제적 부담이 적다.
- 종이 출판은 제작 기간이 길지만, POD 책 출판은 옵셋인쇄가 아닌 디지털로 하기 때문에 제작 기간이 짧다.

한편 POD 종이책 대신에 전자책으로 발간한다면 인쇄 비용이 없고 비용이 적게 들어 책의 가격이 상대적으로 저렴하며 종이 출판은 제작 기간이 길지만, POD 전자책 출판은 제작 기간이 짧다. POD 전자책 출판을 하는 방법은 전자책 제작 프로그램을 이용하여 전자책을 제작하는데 대표적인 전자책 제작 프로그램으로는 Sigil, Calibre 등이 있다.

하지만, POD 전자책 출판은 종이 출판에 비해 독자의 접근성이 떨어질 수 있고 종이 출판은 서점에서 쉽게 구매할 수 있지만, POD 전자책 출판은 전자책 유통사에서 구매해야 한다. 따라서, POD 전자책 출판을 할 때는 독자의 접근성을 고려하여 전자책 유통사와 협력하는 것이 중요하다.

POD 출판은 새로운 디지털 출판 방식으로, 기존의 종이 출판과는 다른 특징을 가지고 있어서 출판 시장의 변화에 대응하기 위한 새로운 시도 중 하나다. 우리나라에서 POD 출판을 하는 회사는 부크크, 교보문고 퍼플인데 이 회사들은 POD 출판을 위한 플랫폼을 제공하며, 독자가 주문한 전자책을 인쇄하여 책으로 제공해준다.

저자 출판기념회

책자를 홍보하는 방법으로는 여러 가지가 있겠지만 대개 출판사의 업무이고 저자가 홍보를 직접 수행하는 데는 한계가 있다. 그 중의 하나가 저자 특강이나 출판 이벤트 그리고 출판기념회라고 할 수 있다.

책이 나오면 "출판기념회를 해야 하나. 한다면 어떻게 할 것인가?"를 생각하지 않을 수 없다. 흔히 출판기념회라고 하면 정치인이나 저명인사들이 호텔이나 문화회관에서 거창하게 하는 경우를 떠올리기 쉽다. 하지만 꼭 그렇게 생각할 필요는 없다. 가까운 친지들을 초청해서 조촐하게 하는 경우도 있다. 아니면 가까운 가족과 함께 조용히 기념회를 가져도 된다.

책쓰기를 하려면 시작과 끝이 중요하다. 그러려면 일정관리가 중요하다. 책을 내겠다는 마음을 먹었다면 끝까지 밀고 나가고 집중해야 한다. 책을 쓰는 과정이 늘 순탄치만은 않다. 힘이 들 때도 많고 슬럼프가 찾아오기도 한다.

글이 잘 써지지 않으면 괜히 시작한 것 같은 회의와 좌절감도 밀려온다. 그럴 때 슬럼프를 극복하고 집중하는 방법 중의 하나가 출판기념회 날짜를 미리 정하는 것이다. 이를 위해서라면 의미 있는 날, 예를 들면 입사 30년 차, 퇴직기념, 결혼 30주년, 회갑, 고희 등 자신이 축하하고 싶은 날을 선정하면 더욱 확실해진다.

출판기념회에 일정한 격식은 없다. 오히려 격식을 지나치게 차려서 출판기념회를 할 경우 정치인들의 후원금 모금을 위한 출판기념회처럼 억지로 참석해야만 하는 경우도 많다. 그렇다면 거기에 참석하는 사람들 모두에게 기분 좋은 일이 아닐 수도 있다.

그런 이유로 필자는 40여 권의 출판을 했지만 가족친지 중심으로 50여 명만을 모아 단출하게, 출판기념회가 아닌 북콘서트를 딱 한 번 열어본 적이 있다. 그것도 초청자들한테 아무런 부담을 주지 않기 위해 처음부터 끝까지 100% 본인 부담으로 진행했다. 다만 모임에서 케이크 하나를 자르며 축하 받을 정도의 행사로 진행했던 경우는 여러 번 있었다.

결국 출판기념회는 자신의 형편에 맞게 하면 된다. 그리고 책을 쓰는 과정에서 책쓰기의 마지막은 출판기념회가 피날레를 장식하는 일이다. 자신의 이름으로 당당하게 세상에 나올 책을 상상하면서 출판기념회 때 참석자들에게 전하고 싶은 저자의 소감과 감사의 인사말을 마음속으로 준비해 보자.

우리도 출간을 기념하는 자리를 '한국형韓國型 사전 장례식이나 이별식' 개념으로 받아들여 살아생전 행사로 치르는 방법도 좋다. 이미 2장 '출판기념회로 한국형 생전 이별식'에서 소개한 바와 같이 자서전이나 평소 자신이 쓰고 싶은 분야의 책을 한 권 쓰는 일이다. 누구나 갖길 원하는 소중한 책을 써서 출판기념회를 갖는 것은 가슴 벅찬 일이다. 특히 출간 기념회를 칠순이나 팔순이나 미수米壽 또는 결혼 50주년 등의 기념 목표로 준비하면 더욱 뜻깊을 것이다.

참고로 양병무 교수의 《일생에 한 권 책을 써라》에 나오는 출판기념회 소감을 소개하면서 이 책을 마무리하고자 한다.

"바쁘신 중에도 귀한 시간을 내어서 부족한 사람의 출판기념회에 참석해 주시니 정말 감사합니다. 처음에 제가 책을 쓴다는 것은 손에 장을 지질 일이라고 생각했습니다. 글을 쓰는 것도 정말 힘들었고요. 그런데 제 이름으로 된 책을 보니 저의 모든 것이 이 책 속에 녹아 있다는 것을 느꼈습니다. 제가 평범한 삶을 살아오면서 가졌던 철학과 가치관과 원칙들을 정리해 보았습니다. 책을 쓰고 또 보면서 기록의 마력을 체험할 수 있었습니다. 제 머릿속에만 있었던 기억들이 살아나 저에게 이야기를 해주고 있습니다. 신기한 경험을 할 수 있었습니다. 그리고 여기에 계신 분들께서 책을 아직까지 안 쓰셨다면 꼭 책을 써 보시라고 권유해 드리고 싶습니다. 이 자리를 빛내 주셔서 대단히 감사합니다."

스마트폰과 챗GPT로

책 한 권 뚝딱 끝내기
(연락처: 010-8911-2075)

© 가재산·이세훈, 2024

1판 1쇄 인쇄__2024년 07월 10일
1판 1쇄 발행__2024년 07월 20일

지은이__가재산·이세훈
펴낸이__홍정표
펴낸곳__글로벌콘텐츠
　　　　등록__제25100-2008-000024호

공급처__(주)글로벌콘텐츠출판그룹
　　　　대표_홍정표　이사_김미미　편집_임세원 강민욱 홍명지 남혜인 권군오
　　　　디자인_가보경　기획·마케팅__이종훈 홍민지
　　　　주소__서울특별시 강동구 풍성로 87-6
　　　　전화__02) 488-3280　팩스__02) 488-3281
　　　　홈페이지__http://www.gcbook.co.kr
　　　　이메일__edit@gcbook.co.kr

값 17,000원
ISBN 979-11-5852-414-2 03190